INSTRUCTIONS

AUX

CAPITAINES

DE LA

MARINE MARCHANDE

NAVIGUANT SUR LES COTES DU ROYAUME-UNI

EN CAS DE NAUFRAGE OU D'AVARIES.

PARIS

C. REINWALD & Cie, LIBRAIRES-ÉDITEURS,

15, RUE DES SAINTS-PÈRES, 15,

1871.

INSTRUCTIONS

AUX CAPITAINES

de la

MARINE MARCHANDE

EN CAS DE NAUFRAGE OU D'AVARIES.

INSTRUCTIONS

AUX

CAPITAINES

DE LA

MARINE MARCHANDE

NAVIGUANT SUR LES COTES DU ROYAUME-UNI

EN CAS DE NAUFRAGE OU D'AVARIES,

PARIS

C. REINWALD & Cie, LIBRAIRES-ÉDITEURS,

15, RUE DES SAINTS-PÈRES, 15,

1871.

TABLE DES MATIÈRES.

ANNEXES.

INSTRUCTIONS

AUX CAPITAINES NAVIGUANT SUR LES CÔTES DU ROYAUME-UNI EN
CAS DE NAUFRAGE OU D'AVARIES.

———

Ces instructions sont destinées aux capitaines de la marine marchande qui naviguent sur les côtes du Royaume-Uni, et elles ont pour objet de leur rappeler les principales règles qu'ils auront à suivre dans les cas de naufrage et d'avaries. Elles leur serviront soit dans le cas où ils seraient privés de l'assistance de l'autorité consulaire, soit dans le cas où ils désireraient se rendre compte des formalités auxquelles sont soumises en Angleterre l'administration d'un naufrage et la procédure d'avaries.

La première recommandation que l'on puisse faire au capitaine naufragé ou échoué sur la côte anglaise, c'est de s'adresser, aussitôt qu'il lui sera possible et par la voie la plus prompte, au consul ou à l'agent consulaire le plus rapproché du lieu du sinistre. Sagement conseillé, le capitaine s'abstiendra des actes qui trop souvent entraînent pour lui les conséquences les plus désastreuses. Il peut recourir d'abord au receveur des naufrages (*Receiver of wrecks*). Ce fonctionnaire lui fournira les premières indications qui lui sont nécessaires. Mais il ne devra jamais se dispenser de s'adresser directement au consul ou à l'agent consulaire le plus voisin pour l'informer du naufrage et réclamer son assistance.

Le capitaine n'aura pas besoin d'attendre l'arrivée du consul ou de son délégué pour s'occuper des premières opérations de sauvetage, c'est-à-dire de celles qui sont réclamées par les circonstances. Il devra également ne pas tarder à faire dresser un protêt devant un notaire ou un magistrat apte à déférer le serment. S'il ne se trouve pas de notaire sur les lieux et si le capitaine n'a pu sauver son journal de bord, il devra rédiger sur papier libre son rapport et le faire signer par son équipage.

Une autre recommandation bien importante à adresser au capitaine, c'est de ne point abandonner le navire tant qu'il n'est pas réduit à l'état d'épave. Sur certaines côtes, un navire abandonné est un navire perdu et le capitaine doit toujours y laisser un des officiers ou des principaux de l'équipage.

Tant que le consul ou son délégué ne se sera pas rendu sur les lieux, le capitaine devra toujours, en raison de l'urgence, continuer à pourvoir aux opérations de sauvetage. Dans ce cas, il ne pourra mieux faire que de prendre les avis et réclamer au besoin le concours du receveur des douanes ou du chef des garde-côtes.

Mais si le capitaine peut se confier au receveur des naufrages ou aux garde-côtes, il devra éviter de se laisser circonvenir par des inconnus et des étrangers qui, tout en représentant quelquefois des compagnies françaises d'assurances, sont en même temps les fondés de pouvoirs des assureurs anglais de la marchandise. Il importe beaucoup au capitaine de ne pas permettre à ces agents d'opérer le débarquement ou le transbordement de sa cargaison sans avoir prévenu le consul ou l'agent consulaire et sans avoir pris ses ordres ou ses avis. Si le consul n'avait pas encore pu se rendre sur les lieux ou y envoyer un délégué, et si le déchargement était devenu absolument nécessaire, le capitaine ne devra jamais oublier de faire signer à celui qui opère le sauvetage de concert avec lui l'obligation écrite connue en Angleterre sous le nom d'*Average bond*, obligation d'avaries. De cette manière il sauvegardera les intérêts qu'il représente dans les contestations qui peuvent survenir, soit par suite de l'abandon de la marchandise, soit à l'occasion du paiement du fret.

Si le navire est seulement en avaries, le capitaine aura à le faire visiter par un expert du Veritas ou du Lloyd et, lorsque les réparations seront terminées, il devra faire viser par le notaire ou le magistrat du lieu les pièces concernant les dépenses.

Dans les instructions qui suivent l'on a réuni les principales règles qui peuvent intéresser le capitaine, lorsqu'il navigue sur les côtes anglaises et qu'il est obligé de recourir à l'assistance de pilotes ou de bâtiments étrangers, lorsqu'un cas d'abordage se produit ou bien lorsque le sauvetage est pratiqué par l'administration locale. Le capitaine trouvera les prescriptions qui lui sont imposées en Angleterre lorsqu'il doit constater le sinistre, procéder aux opérations de sauvetage, acquitter les dépenses qui ont été faites, répartir les pertes communes, agir devant les tribunaux spécialement institués en matière de sauvetage. De même, il trouvera l'ensemble des dispositions qu'il aura à observer lorsque le navire ou la cargaison ont essuyé des avaries, lorsqu'il doit faire exécuter des réparations, transborder la cargaison ou encaisser le fret, lorsqu'il est contraint de vendre des marchandises ou d'emprunter à la grosse. Il trouvera enfin les règles qui ont été tracées en Angleterre quand il s'agit de répartir des avaries.

Ces instructions se terminent par quelques recommandations dont le capitaine fera bien de tenir compte toutes les fois qu'il croira devoir recourir à la voie des tribunaux.

PARTIE I. — DES NAUFRAGES.

CHAPITRE PREMIER.

DES MESURES DE PRÉCAUTION A OBSERVER SUR LES CÔTES ANGLAISES.

Section I. — Des phares et stations de sauvetage.

Tout capitaine qui navigue sur les côtes du Royaume-Uni doit non-seulement être pourvu de bonnes cartes marines, mais encore se conformer aux dispositions prescrites dans la publication intitulée les Phares et Fanaux du globe et dans le Code des signaux dont l'adoption a été recommandée en Angleterre.

De nombreuses stations de sauvetage ont été établies sur toute l'étendue des côtes anglaises (1). Les services rendus par la société de sauvetage, dont le but

(1) Les stations de sauvetage sont ainsi réparties :
GRANDE-BRETAGNE. ÉCOSSE et ANGLETERRE. — Stromness. — Scrabster. — Wick. — Lossiemouth. — Buckie. — Banff. — Fraserburgh. — Peterhead. — Aberdeen. — Stonehaven. — Montrose. — Arbroath. — Button ness. — Broughty. Ferry. — S^t.-Andrews. — Boar Hills. — Anstruther. — North Berwick. — Dunbar. — Spittal. — Holy Island. — N. Sunderland. — Boulmer. — Armouth. — Hawsley. — Newbiggin. — North Blyth. — Blyth Haven. — Cullercoats. — Tynemouth. — Shields. — Whitburn. — Roker. — Sunderland. — Hartlepool. — Stanton beach. — Seaton-Carew. — Middlesboro'. — Red-

principal est de sauver la vie des hommes, sont gra-
tuits.

car-Saltburn. — Runswick. — Upgang. — Whitby. — Robin
Hood's Bay. — Scarborough. — Filey. — Bridlington Quay. —
Hornsea. — Withernsea. — Spurnpoint. — Cleethorpes. —
Donna Nook. — Theddlethorpe. — Sutton. — Skegness. —
Hunstanton. — Blakeney. — Sherringham. — Cromer. — Mun-
desley. — Bacton. — Hasborough. — Palling. — Winterton.—
Scratby. — Caistor. — Yarmouth. — Gorleston. — Lowestoft.
— Pakefield. — Kessingland. — Southwold. — Thorpness. — Ald-
borough. — Margate— Kingsgate. — Broadstairs— Ramsgate.—
North Deal.—Walmer.— Kingsdown.—Dover.—Littlestone.—
Camber.—Winchelsea.—Hastings.—Eastbourne.—Newhaven.
— Brighton. — Shoreham. — Worthing.—Selsea. —Chichester
Harbour. — Hayling Island. — Bembridge. — Brixton. —
Brooke. — Poole. — St.-Albans'head. — Kimmeridge. — Lyme
Cobb. — Exmouth. — Teignmouth. — Brixham. — Stonehouse
Point. — Looe. — Polkerris. — Falmouth. — Cadgwith. —
Lizard. — Mullion. — Porthleven. — Penzance. — Sennen
Cove. — St.-Ives. — Hayle. — New quay. — Padstow. —
Budehaven. — Appledore. — Saunton Sands. — Ilfracombe. —
Burnham. — Penarth. — Porthcawl. — Mumbles. — Pembrey.
— Ferry Side.— Tenby. — Angle. — Goodwick. — S. Dogmaels.
— New Quay. — Aberystwith. — Aberdovey. — Barmouth. —
Cricciath. — Porthdynllaen. — Llandwyn. — Rhoscolyn. —
Holyhead. — Cemlyn. — Bull Bay — Moelfre. — Penmon. —
Llandudno.—Rhyl.—Point of Air.—Helbre Island.—Holylake.
— New Brighton. — Liverpool. — Formby. — Southport. —
Lytham. — Blackpool. — Fleetwood. — Piel Island. — Whiteha-
ven. — Maryport. — Silloth. — Kircudbright. — Port Logan.
Girvan. — Ayr. — Irvine. — Ardrossan. — Campbelstown.

IRLANDE : Greencastle.—Portrush.— Groomsport.—Bally-
walter. — Tyrella. — Newcastle. — Blackrock. — Drogheda.
— Skerries. — Howth. — Ringsend. — Kingstown.—Wicklow.
— Arklow. — Courtown. — Cahore. — Wexford. — Carnsore.
Tramore. — Ballynacurty. — Ardmore. — Youghall.— Ballycot-
ton. — Queenstown. — Courtmacsherry. — Valentia.

ILE DE MAN : Ramsay. — Douglas. — Castletown.

ILES DU DÉTROIT : Guernesey.

L'on ne compte qu'un petit nombre de sémaphores en Angleterre. Ces établissements sont situés à Deal, Douvres, Dun-

Section II. — *Des signaux en temps de brume.*

Le capitaine ne doit négliger aucune des dispositions qui lui ont été prescrites pour éviter les abordages (1).

Il est tenu d'allumer pendant la nuit les feux réglementaires (2) et, en temps de brume, de faire

Prescriptions relatives aux abordages.

Feux réglementaires, signaux

geness, Prawle Point, Yarmouth Ile de Wight, Great Yarmouth, Bridlington, Caldy Island.

(1) Les règles consacrées en France par le décret du 25 octobre 1862 et celui du 26 mai 1869 étant les mêmes que celles qui ont été prescrites par un acte du Parlement britannique en date du 29 juillet de la même année, un capitaine qui se serait rendu coupable de négligence ne pourrait alléguer qu'il n'a pas connu les dispositions de la loi anglaise.

(2) Art. 2. Les feux mentionnés aux articles suivants doivent être portés, à l'exclusion de tous autres, par tous les temps, entre le coucher et le lever du soleil.

Art. 3. Les navires à vapeur, lorsqu'ils sont en marche, portent les feux ci-après : (A) *En tête du mât de misaine*, un feu blanc placé de manière à fournir un rayonnement uniforme et non interrompu dans tout le parcours d'un arc horizontal de vingt quarts du compas qui se compte depuis l'avant jusqu'à deux quarts en arrière du travers de chaque bord, et d'une portée telle qu'il puisse être visible à cinq milles au moins de distance, par une nuit sombre mais sans brume. (B) *A tribord*, un feu vert établi de manière à projeter une lumière uniforme et non interrompue sur un arc horizontal de dix quarts du compas qui est compris entre l'avant du navire et deux quarts sur l'arrière du travers à tribord, et d'une portée telle qu'il puisse être visible à deux milles au moins de distance, par une nuit sombre mais sans brume. (C) *A bâbord*, un feu rouge construit de façon à projeter une lumière uniforme et non interrompue sur un arc horizontal de dix quarts du compas qui est compris entre l'avant du navire et deux quarts sur l'arrière du travers à bâbord, et d'une portée telle qu'il puisse être visible à deux milles au moins de distance, par une nuit sombre mais sans brume. (D) Ces feux de côté sont pourvus, en dedans du bord, d'écrans

usage du sifflet, du cornet ou de la cloche, sui-

dirigés de l'arrière à l'avant et s'étendant à 0ᵐ 90 en avant de la lumière, afin que le feu vert ne puisse pas être aperçu de bâbord avant et le feu rouge de tribord avant.

Art. 4. Les navires à vapeur, quand ils remorquent, doivent indépendamment de leurs feux de côté porter deux feux blancs verticaux en tête de mât qui servent à les distinguer des autres navires à vapeur. Ces feux sont semblables au feu unique de tête de mât que portent les navires à vapeur ordinaires.

Art. 5. Les bâtiments à voiles, lorsqu'ils font route à la voile ou en remorque, portent les mêmes feux que les bâtiments à vapeur en marche, à l'exception du feu blanc du mât de misaine dont ils ne doivent jamais faire usage.

Art. 6. Lorsque des bâtiments à voiles sont d'assez faible dimension pour que leurs feux verts et rouges ne puissent pas être fixés d'une manière permanente, ces feux sont néanmoins tenus allumés sur le pont à leurs bords respectifs, prêts à être montrés instantanément à tout navire dont on constaterait l'approche et assez à temps pour prévenir l'abordage.

Ces fanaux portatifs, pendant cette exhibition, sont tenus autant en vue que possible et présentés de telle sorte que le feu vert ne puisse être aperçu de bâbord avant et le feu rouge de tribord avant.

Pour rendre ces prescriptions d'une application plus certaine et plus facile, les fanaux sont peints extérieurement de la couleur du feu qu'ils contiennent et doivent être pourvus d'écrans convenables.

Art. 7. Les bâtiments, tant à voiles qu'à vapeur, mouillés sur une rade, dans un chenal ou sur une ligne fréquentée, portent depuis le coucher jusqu'au lever du soleil un feu blanc placé à une hauteur qui n'excède pas six mètres au-dessus du plat-bord et projetant une lumière uniforme et non interrompue tout autour de l'horizon à la distance d'au moins un mille.

Art. 8. Les bateaux-pilotes à voiles ne sont pas assujettis à porter les mêmes feux que ceux exigés pour les autres navires à voiles ; mais ils doivent avoir en tête de mât un feu blanc visible de tous les points de l'horizon et, de plus, montrer un feu de quart-d'heure en quart-d'heure.

Art. 9. Les bateaux de pêche non pontés et tous les autres bateaux également non pontés ne sont pas tenus de porter les feux de côté exigés pour les autres navires ; mais ils doivent,

vant que le navire est ou n'est pas en marche (1).

Il doit enfin observer les règles sur la route que le navire doit suivre pour prévenir une collision avec un autre navire (2).

Règles
sur la route
du navire.

s'ils ne sont pas pourvus de semblables feux, se servir d'un fanal muni sur l'un de ses côtés d'une glissoire verte et sur l'autre d'une glissoire rouge, de façon qu'à l'approche d'un navire ils puissent montrer ce fanal en temps opportun pour prévenir l'abordage, en ayant soin que le feu vert ne puisse être aperçu de bâbord et le feu rouge de tribord.

Les navires de pêche et les bateaux non pontés qui sont à l'ancre ou qui, ayant leurs filets dehors, sont stationnaires, doivent montrer un feu blanc.

Ces mêmes navires et bateaux peuvent, en outre, faire usage d'un feu visible à de rares intervalles, s'ils le jugent nécessaire.

(1) L'art. 10 du décret du 25 oct. 1862 a été ainsi modifié par l'art. 1er du décret du 26 mai 1869: En temps de brume, de jour comme de nuit, les navires font entendre les signaux suivants toutes les cinq minutes au moins, savoir :

A. Les bâtiments à vapeur ou à voiles, lorsqu'ils sont à l'ancre, font usage d'une cloche.

B. Dans toute autre position que celle du mouillage les navires à vapeur font entendre le son du sifflet à vapeur qui est placé en avant de la cheminée, à une hauteur de $2^m 40$, au-dessus du pont des gaillards.

C. Dans toute autre position que celle du mouillage les bâtiments à voiles font usage d'un cornet.

(2) Art. 11. Si deux navires à voiles se rencontrent courant l'un sur l'autre, directement ou à peu près, et qu'il y ait risque d'abordage, tous deux viennent sur tribord pour passer à bâbord l'un de l'autre.

Art. 12. Lorsque deux navires à voiles font des routes qui se croisent et les exposent à un abordage, s'ils ont des amures différentes, le navire qui a les amures à bâbord manœuvre de manière à ne pas gêner la route de celui qui a le vent de tribord ; toutefois, dans le cas où le bâtiment qui a les amures à bâbord est au plus près, tandis que l'autre a du largue, celui-ci doit manœuvrer de manière à ne pas gêner le bâtiment qui est au plus près. Mais si l'un des deux est vent arrière ou s'ils ont le vent du même bord, le navire qui est vent arrière ou qui aper-

Section III. — Des abordages.

Soins du capitaine en cas d'abordage.

Si un navire est abordé par un autre navire, le capitaine devra chercher à reconnaître le nom et la nationalité du navire abordeur, si c'est un bâtiment à

çoit l'autre sous le vent manœuvre pour ne pas gêner la route de ce dernier navire.

Art. 13. Si deux navires sous vapeur se rencontrent courant l'un sur l'autre, directement ou à peu près, et qu'il y ait risque d'abordage, tous deux viennent sur tribord pour passer à bâbord l'un de l'autre.

Art. 14. Si deux navires sous vapeur font des routes qui se croisent et les exposent à s'aborder, celui qui voit l'autre par tribord manœuvre de manière à ne pas gêner la route de ce navire.

Art. 15. Si deux navires, l'un à voiles, l'autre sous vapeur, font des routes qui les exposent à s'aborder, le navire sous vapeur manœuvre de manière à ne pas gêner la route du navire à voiles.

Art. 16. Tout navire sous vapeur qui approche un autre navire, de manière qu'il y ait risque d'abordage, doit diminuer sa vitesse ou stopper et marcher en arrière, s'il est nécessaire. Tout navire sous vapeur doit en temps de brume avoir une vitesse modérée.

Art. 17. Tout navire qui en dépasse un autre gouverne de manière à ne pas gêner la route de ce navire.

Art. 18. Lorsque, par suite des règles qui précèdent, l'un des deux bâtiments doit manœuvrer de manière à ne pas gêner l'autre, celui-ci doit néanmoins subordonner sa manœuvre aux règles énoncées à l'art. suivant :

Art. 19. En se conformant aux règles qui précèdent, les navires doivent tenir compte de tous les dangers de la navigation. Ils auront égard aux circonstances particulières qui peuvent rendre nécessaire une dérogation à ces règles afin de parer à un péril immédiat.

Art. 20. Rien dans les règles ci-dessus ne saurait affranchir un navire quel qu'il soit, ses armateurs, son capitaine ou son équipage, des conséquences d'une omission de porter des feux ou signaux, d'un défaut de surveillance convenable ou enfin d'une négligence quelconque des précautions commandées par

vapeur ou bien un bâtiment à voiles. Il devra en outre constater aussi promptement que possible sur son livre de bord les détails du sinistre.

S'il lui est permis d'accoster ce navire, il devra faire tous ses efforts pour obtenir du capitaine la constatation du dommage causé. Il devra faire signer un procès-verbal de l'accident par les principaux de son navire et requérir une déclaration analogue de la part des officiers et de l'équipage du navire abordeur (1).

Constatation de dommage causé à un navire français.

la pratique ordinaire de la navigation ou par les circonstances particulières de la situation.

Le décret du 26 mai 1869 a modifié les art. 11 et 13 de la manière suivante.

Les art. 11 et 13 du décret du 25 octobre 1862 ne concernent que deux navires courant l'un sur l'autre directement ou à peu près. Ils ne peuvent donc s'appliquer aux navires qui ne doivent pas s'aborder en continuant leur route.

Deux navires courent l'un sur l'autre directement ou à peu près : de jour, lorsque chacun d'eux voit les mâts de l'autre en ligne ou presque en ligne avec sa propre mâture ; de nuit, lorsque chacun d'eux aperçoit les deux feux de côté de l'autre.

En conséquence, ne doivent pas se considérer comme se trouvant dans le cas prévu aux articles 11 et 13 :

De jour, le navire qui en aperçoit un autre devant lui, lui coupant la route.

De nuit,

1º Le navire qui, montrant son feu vert à un autre navire, n'aperçoit que le feu vert de celui-ci.

2º Le navire qui, montrant son feu rouge à un autre navire, n'aperçoit que le feu rouge de celui-ci.

3º Le navire qui n'aperçoit devant lui qu'un feu vert.

4º Le navire qui n'aperçoit devant lui qu'un feu rouge.

5º Le navire qui aperçoit le feu vert et le feu rouge d'un autre navire dans toute autre direction que celle de son avant. Voir les annexes *A* et *B*.

(1) Lorsque des avaries ont été occasionnées en Angleterre par suite d'abordage, on distingue : 1º Si la collision a eu lieu par suite de fortune de mer ou par force majeure, le dommage est

Si c'est le navire du capitaine français qui a occasionné le dommage, il doit également faire constater par les gens de son équipage la nature du dommage et il ne doit en donner acte au capitaine du navire abordé que s'il est reconnu par lui et son équipage qu'il y a eu de sa part faute ou négligence (1).

Section IV. — Du pilotage.

Chaque administration locale détermine les droits de pilotage. Des réglements *Byelaws* ont été publiés dans la plupart des ports anglais et contiennent le tableau des droits de pilotage, tonnage, ancrage, feux locaux, taxes perçues pour le compte de l'Etat (2).

supporté par celui des deux navires qui l'a éprouvé. 2° Si les deux bâtiments sont en faute, le dommage est supporté à frais communs. 3° S'il y a eu mauvaise direction du navire endommagé, le dommage est supporté par ce dernier. 4° Si la collision a été occasionnée par la faute d'un des deux navires, le navire endommagé a droit à exiger une compensation de la part de l'autre navire. Cette compensation n'est portée, au maximum, qu'à la somme de 8 livres par tonne et de 15 livres s'il y a eu perte de vie humaine. Lees *Laws of Shipping*, p. 247. Abbott *on Shipping*, p. 613. *Shipping* act. 1862, art. 54.

(1) Le navire abordeur ne serait pas à l'abri de la loi anglaise par le fait qu'il se serait refusé à constater le dommage et qu'il serait parvenu à s'échapper du port, de la rivière ou de la rade dans lequel l'abordage a pu avoir lieu. Dans ce cas, le navire abordeur qui a causé le dommage est attendu, signalé dans tous les ports et, quelque soit le temps écoulé, le jour où il mouille dans un port anglais, la partie lésée a le droit d'exercer des poursuites. Le capitaine français jouit du même bénéfice; mais les armateurs ne pourraient, sans le concours de celui-ci et la présence de l'équipage, intenter une action en justice. On verra plus loin que le cas d'abordage est un de ceux qui ont été déférés aux cours de comtés lorsque le montant réclamé ne s'élève pas au dessus de 300 livres sterling. (7,500 francs.) *Shipping act.* 527.

(2) *Shipping act.* 1854, art 332, 333. et 350.

Le capitaine pourra toujours consulter à cet égard le maître du port, *Harbour Master*, et se faire remettre par lui ce document ou lui demander des explications verbales. Il pourra également se faire représenter le tableau des droits de pilotage par le pilote, lequel doit être porteur de ce document (1).

En général le pilotage est obligatoire en Angleterre (2).

Lorsque le capitaine entre dans un port du Royaume-Uni, il est tenu de recevoir le pilote à son bord (3). Il devra s'assurer de l'identité de sa personne en requérant la production de sa licence.

(1) D'après un nouveau bill soumis à la chambre des communes, tout pilote qui réclamerait une somme plus élevée que celle qui est fixée par les tarifs est passible d'une amende de 10 livres sterling (250 francs.)

(2) Quelques exceptions cependant ont été consacrées dans le district de Londres et dans les districts de Trinity House. Sont exempts de pilotage lorsqu'ils ne portent pas de passagers : les navires employés au cabotage proprement dit ; ceux qui jaugent moins de 60 tonneaux ; ceux qui trafiquent à Boulogne et dans tout autre port au nord de Boulogne ; ceux qui portent exclusivement des chargements de pierres provenant des Iles de la Manche ; ceux qui naviguent dans la circonscription de leur port d'attache ; ceux enfin qui traversent, sans s'y arrêter, une circonscription de pilotage. Ailleurs, c'est aux administrations locales qu'il appartient de dispenser certains navires du pilotage lorsqu'elles le jugent convenable. *Shipping act.* 370-371, 379.

(3) Tout pilote doit être muni de son brevet ; chaque bateau pilote doit porter les marques distinctives suivantes : avoir à l'arrière le nom du propriétaire et le nom du port peints en lettres blanches de trois pouces de long sur un pouce de large ; à l'avant le numéro de la licence ; quand il est à flot, il doit arborer un pavillon à bandes horizontales, blanches et rouges, de grandeur proportionnée à la dimension du bateau. Ces pavillons sont placés aux mâts des bateaux à voiles et à l'avant des embarcations naviguant à l'aviron. *Shipping act.* 346.

Obligation de déclarer le tirant d'eau.

Droit du capitaine de s'opposer à l'admission d'étrangers à bord.

Recours en dommages et intérêts contre le pilote.

Plaintes portées contre les pilotes devant les administrations locales.

Le capitaine est tenu de déclarer au pilote le tirant d'eau de son navire sous peine d'amende (1).

Si le capitaine est tenu de recevoir le pilote à bord, il peut s'opposer à l'admission d'étrangers qui prennent induement la qualité de pilote, lui offrent des services qu'il n'a pas réclamés et prétendent avoir été délégués par le consul ou l'autorité locale (2).

Si quelque dommage a été occasionné par la faute du pilote, le capitaine peut exercer un recours en dommages et intérêts contre lui.

Lorsque le capitaine croit avoir à se plaindre de la négligence ou de l'incapacité du pilote, il peut porter plainte devant l'administration locale et demander sa destitution (3). Tout délit ou infraction de la part du pilote, indépendamment du recours civil, est passible d'une amende (4).

(1) *Shipping act.* art. 359. Cette amende ne peut excéder le double du droit de pilotage et est infligée à tout capitaine qui refuse de déclarer à un pilote le tirant d'eau de son navire ou qui fait ou aide à faire sur ce point une fausse déclaration; elle peut s'élever à 500 livres sterling, si le capitaine ou une personne intéressée dans le navire fait ou aide à faire une altération frauduleuse des marques du tirant d'eau sur le maître bau.

(2) V. note 1, p. 16 et note 3, p. 21.

(3) Ces réclamations sont portées par le capitaine devant les conseils ou officiers chargés de l'administration de la police des ports (Corporations, conseils des Docks, etc.) *Shipping act.* 365.

(4) Est passible d'une amende de 100 livres, sans préjudice de la suspension, de la destitution et du recours en dommages-intérêts que peut exercer contre lui la partie lésée, tout pilote patenté qui se rend coupable de pratiques déloyales en ce qui touche les navires, le chargement et les passagers; qui prête son brevet; qui exerce comme pilote après avoir été suspendu de son emploi; qui est ivre ou occasionne aux navires des dépenses sans nécessité; qui refuse de conduire un navire; qui fait inu-

Le pilotage n'est pas considéré comme sauvetage à moins que des services exceptionnels ne constituent ce caractère spécial. En général, le pilote est rémunéré d'après les tarifs usités en matière de pilotage et non comme sauveteur (1). Pilotage non assimilé au sauvetage.

Si des services de pilotage ont été rendus à un navire en détresse, l'on ajoute souvent, comme récompense, aux droits de pilotage une taxe supplémentaire, mais jamais une prime de sauvetage (2). Taxe supplémentaire ajoutée au pilotage

Section V. — Du Sauvetage.

Lorsqu'un navire est en détresse et que le capitaine est contraint de recourir à l'assistance d'étrangers, il ne doit faire emploi de cette assistance que si elle lui est absolument nécessaire (3). Quand le capitaine doit recourir au sauvetage.

tilement couper ou filer un câble; qui refuse d'entrer un navire dans le port; qui quitte sans permission un navire dont il a pris charge. *Shipping act.* 365.

Chaque pilote de la corporation de Trinity House doit, au moment de sa nomination, souscrire une obligation de 100 livres sterling, comme garantie de l'observation des lois et réglements de la corporation. Aucun pilote patenté ayant souscrit une semblable obligation n'est responsable pour fait de négligence ou d'incapacité au delà de cette somme et du montant de son pilotage. *Shipping act.* 372, 373.

(1) Abbott *on Shipping*, p. 569.

(2) D'après le nouveau bill soumis en ce moment à la chambre des communes, aucun pilote patenté ne sera admis à exercer de recours en matière de sauvetage à moins d'y avoir été autorisé par l'administration qui lui a conféré son brevet. Dans le cas où il demanderait et recevrait une somme d'argent sans y avoir été autorisé, il perdrait tous ses droits de sauvetage et pourrait être suspendu ou même révoqué de ses fonctions.

(3) Il n'est pas nécessaire qu'il y ait eu demande formelle ou acceptation formelle pour que le sauveteur ait droit à la prime.

Il ne doit jamais laisser des étrangers s'installer à son bord, leur abandonner la barre du bâtiment, les laisser faire acte de sauvetage que s'il croit réellement avoir besoin de leurs services (1).

Le capitaine d'un navire en détresse sur les côtes de la Grande-Bretagne devra se montrer d'autant plus circonspect, lorsque des étrangers lui offrent des secours, que les tribunaux sont généralement disposés à récompenser largement les services en matière de sauvetage (2).

(1) La loi a d'ailleurs établi une disposition pénale : toute personne qui, en altérant la vérité en ce qui touche la position du navire et les circonstances d'où peut dépendre sa sûreté, obtient ou cherche à obtenir la conduite de ce navire, et toute autre personne complice, encourt indépendamment de la réparation civile une amende de 100 livres sterling. Si le délinquant est un pilote patenté, il est passible de suspension ou de destitution. *Shipping act.* art 367.

(2) Les bâtiments à vapeur sont surtout traités avec faveur et l'on ne s'arrête pas à la courte durée de temps qu'ils ont mis à sauver un navire. Il est constamment admis qu'un vapeur a droit à une récompense plus élevée qu'un autre bâtiment parce qu'en vertu de la force qu'il possède il est apte à rendre des services plus prompts et une assistance plus efficace. La rémunération fixée par le juge est encore plus élevée lorsque le sauvetage comprend des passagers. La jurisprudence anglaise a consacré plusieurs précédents qu'il importe de rappeler parce qu'ils peuvent servir de règle aux nombreux cas de sauvetage qui se présentent. Ainsi, en Angleterre, on ne tient pas seulement compte du service rendu et du nombre d'heures ou de la somme de travail, on prend encore en considération la violence du temps ou de la tempête, les risques courus par les sauveteurs, l'état de détresse ou de danger dans lequel se trouvait le navire ou la cargaison, le degré d'habileté, le temps employé au sauvetage, enfin, la valeur des objets sauvés. Suivant que le cas réunira plus ou moins de ces conditions, la prime allouée aux sauveteurs pourra s'élever au chiffre le plus élevé ou ne pas dépasser beaucoup la rémunération d'un service rendu. Abbott *on Shipping*, pages 562-564.

Si le capitaine a recours à un étranger, l'assistance, lors même qu'elle ne serait pas d'une grande importance, est considérée comme sauvetage (1). *Ce qui constitue le sauvetage.*

Jamais le capitaine ne doit accepter les services offerts sans en avoir fait l'objet d'un accord et, autant que le permettront les circonstances, sans avoir réglé par écrit les termes de la convention. *Accord écrit sur le sauvetage.*

Le capitaine, lorsqu'il fera une convention de sauvetage, devra prendre cet engagement en présence de l'équipage. *Accord en présence de l'équipage.*

Le capitaine fera bien d'être porteur d'un engagement écrit ou même imprimé dans lequel il n'aurait plus qu'à remplir le chiffre de la récompense laissé en blanc. *Accord imprimé.*

Une indemnité de sauvetage est due par tout propriétaire de navire à toute personne (le receveur excepté) qui a aidé à secourir le navire, à sauver les agrès ou apparaux, la cargaison ou l'équipage, comme aussi à toute personne qui a recueilli une épave (2). *Prime de sauvetage.*

Lorsqu'une prime de sauvetage est due pour avoir assisté un navire, sauvé la vie à des personnes qui en faisaient partie, sauvé la cargaison ou les apparaux, le receveur des naufrages peut détenir le navire et le chargement jusqu'à ce que le paiement ait été effectué ou bien qu'il ait été décidé par une cour compétente que le navire, la cargaison et les apparaux peuvent être saisis (3). *Détention du navire si la prime n'est pas payée.*

(1) Abbott *on Shipping*, p. 560.
(2) *Shipping act.* 458.
(3) *Shipping act.* 468. En cas de non-paiement, le receveur peut faire vendre les objets sauvés : 1º Si le montant n'est pas contesté et que le paiement n'ait pas été fait dans les vingt jours qui ont suivi son échéance ; 2º Si le montant est contesté, mais qu'il n'y ait pas lieu à l'appel et que le paiement n'ait

Sauvetage des personnes privilégié.

Le sauvetage qui a eu pour objet de sauver la vie d'une ou plusieurs personnes appartenant à un navire en détresse ou échoué est privilégié par rapport à toute autre dépense (1).

Accord à conclure en cas de remorquage.

Dans le cas où le capitaine aurait besoin d'un remorqueur, il devra convenir et, s'il est possible, par écrit, du genre de service qu'il exige de ce bâtiment, le remorquage pouvant devenir un sauvetage (2).

Protestation du capitaine si la prime de sauvetage, est exagérée.

Si un remorqueur ou tout autre bateau réclamait pour ses services une somme exagérée, le capitaine pourrait s'y soumettre, en prenant à témoin son équipage qu'il ne l'a fait que pour sauver son navire et sa cargaison et en protestant contre la pression exercée sur lui.

---

pas été effectué dans les vingt jours qui ont suivi la décision du tribunal ; 3° Si le montant est contesté, qu'il y ait eu lieu à l'appel et que le paiement n'ait pas été effectué dans les vingt jours, s'il n'a pas été donné avis de l'appel ou que les procédures relatives à cet appel n'aient point été commencées dans le même délai *Shipping act.* 469.

(1) Abbott *on Shipping*, page 559. Lorsque la valeur des objets sauvés est insuffisante pour acquitter les dépenses nécessitées par le sauvetage d'une ou plusieurs vies humaines, le Board of trade peut ordonnancer sur les fonds de la marine marchande les sommes qui lui sembleraient nécessaires pour acquitter cette dépense. Cette disposition ne s'applique qu'aux sujets britanniques ; mais, dans certains cas, les capitaines français peuvent être admis à réclamer cette prime de sauvetage. *Shipping act.* 459.

(2) S'il a été fait une convention pour le remorquage extraordinaire d'un navire désemparé dont on connaissait l'état de détresse, il ne peut y avoir aucune addition à la récompense convenue. Mais si, lorsque le bâtiment est remorqué, un accident extraordinaire et imprévu vient à surgir, le remorqueur ne doit pas l'abandonner ; au contraire, il doit lui rendre les services réclamés par les circonstances et, alors, il est alloué au sauveteur une prime supplémentaire de sauvetage. Lees *Laws of Shipping*, p. 274.

Dans ce cas il devra porter la question devant les tribunaux en exposant la position dans laquelle il s'est trouvé au moment du sinistre (1).

Recours aux tribunaux.

Section VI. — *Administration du naufrage par l'autorité locale.*

Le capitaine, en Angleterre, a la libre administration du naufrage et l'autorité locale lui laisse la faculté entière de gérer les intérêts qu'il représente. En général, elle n'intervient que pour faire exécuter les lois de la police maritime, prêter au naufragé son assistance, s'il en a besoin, et le protéger contre les déprédations et le pillage.

Assistance de l'autorité locale.

Néanmoins, en l'absence du capitaine, l'autorité locale peut administrer le naufrage, sauf à rendre compte à celui-ci des dispositions qu'elle a prises lorsqu'il vient à se représenter (2).

Administration du naufrage par l'autorité locale.

(1) Sans doute, pour que le contrat soit valide, il faudra qu'il n'ait rien d'injuste ni de déloyal, mais, en général aussi, pour que la convention soit modifiée par le juge, il est nécessaire de spécifier des circonstances que les parties n'avaient pas prévues au moment où celle-ci a été conclue. Abbott *on Shipping*, 560.

(2) *Shipping act.* 441-445. Les autorités chargées d'administrer les naufrages, en Angleterre, sont : 1° Le receveur des naufrages et, en son absence, l'officier principal des douanes ou le garde-côtes ; 2° l'agent des contributions ; 3° le shériff ; 4° le juge de paix ; 5° l'officier en fonctions de l'armée de mer ou de l'armée de terre. — Le receveur des naufrages ou l'officier qui le remplace est autorisé : 1° à réunir autant de personnes qu'il le jugera convenable pour porter assistance au navire naufragé ; 2° à requérir tout capitaine ou toute autre personne disponible ayant charge d'un navire ou embarcation de lui rendre, lui et les hommes de son équipage, tous les services qui sont en leur pouvoir ; 3° de requérir l'emploi de toutes voitures, charrettes ou chevaux qui se trouveraient sur les lieux.

Recouvrement des objets sauvés.

Le capitaine peut s'adresser au receveur des naufrages pour recouvrer les objets sauvés qui ont été retrouvés ou dérobés (1). Il doit réclamer ces objets dans le délai d'un an à partir du jour du naufrage (2).

Paiement des frais de sauvetage.

Pour obtenir la remise des effets naufragés le capitaine est tenu de justifier de ses droits et de payer tous les frais (3).

(1) Toute personne qui a trouvé un débris naufragé ou en a pris possession doit, si elle en est propriétaire, en donner avis aussitôt que possible au receveur des naufrages du district dans lequel cet objet a été trouvé et elle doit spécifier les marques distinctives qui servent à faire connaître cet objet. Si la personne n'est pas propriétaire de l'objet trouvé, elle doit en faire la remise au receveur dans le plus bref délai possible. Ceux qui contreviennent à ces dispositions sont punis d'une amende, indépendamment de la restitution des objets trouvés et de la déchéance de toute réclamation de sauvetage. — Si un receveur soupçonne ou apprend qu'un débris de naufrage est caché ou en possession d'une personne qui n'en est pas propriétaire, il peut obtenir du juge de paix un mandat à l'aide duquel il a le droit de pénétrer partout et de se saisir de l'objet détourné. — Si la saisie est due aux informations d'une personne qui a révélé le larçin, celle-ci est admise à recevoir, à titre de sauvetage, une somme qui, dans aucun cas, ne peut excéder 5 livres sterling. Dans les 48 heures qui suivent la prise de possession d'objets provenant d'un naufrage, le receveur fait afficher, dans le bâtiment de la douane le plus près du lieu où les objets naufragés ont été recueillis, la description de ces objets et des marques distinctives qui sont de nature à les faire reconnaître. Si la valeur de ces objets excède 20 livres, il en transmet la description au secrétaire du Lloyd qui fait afficher cette communication dans un lieu apparent, afin que toutes les personnes qui désireraient en prendre connaissance puissent consulter ce document. *Shipping act.* 450-452.

(2) *Shipping act.* 471.

(3) Passé le délai d'un an, si aucun propriétaire ne se présente, le receveur en fait la remise à l'amiral, au vice-amiral, ou au seigneur du lieu (*Lord of any manor*) ou à toute autre personne qui justifie de ses droits et qui en prend possession

Le receveur peut faire vendre les objets sauvés si le paiement des frais de sauvetage n'a pas été effectué en temps utile (1).

Il est de règle en Angleterre que le droit de sauvetage ne peut être exercé que sur la propriété sauvée. Il est en outre calculé sur la valeur de l'objet sauvé (2).

Les crimes ou délits en matière de naufrages, tels que pillage, violences exercées contre les sauveteurs, vol des objets naufragés, violences exercées contre le capitaine ou le receveur des douanes, soustraction ou recel des objets naufragés sont punis, indépendamment des amendes : les crimes, du travail forcé ou d'un emprisonnement avec ou sans travail forcé, et les délits d'un emprisonnement avec ou sans travail forcé. Les poursuites peuvent être exercées indistinctement dans tous les comtés (3).

après avoir acquitté toutes les dépenses et frais de sauvetage. Si aucun propriétaire ne se présente et si aucune des personnes ci-dessus désignées n'est admise à acquérir ces objets naufragés, le receveur en fait opérer la vente publique et, après avoir acquitté toutes les dépenses et s'être remboursé de ses honoraires, il transmet l'excédant des recettes à l'échiquier de la marine. *Shipping act.* 475.

(1) Voir note 3, page 17. Si le propriétaire de l'épave n'a pas établi son droit dans le délai d'un an à partir du moment où cet objet a été remis au receveur, celui-ci pourra vendre l'épave en entier ou en partie et, sur le produit, payer les droits de sauvetage et frais faits en remettant le surplus, s'il y a lieu, aux ayants-droit. *Shipping act.* 471, 475.

(2) Abbott *on Shipping*, art. 566. Si, à l'époque du sauvetage, le navire avait déjà acquis tout ou partie du fret, ce fret participe à la prime de sauvetage ainsi que le navire et la cargaison. Abbott, p. 579.

(3) *Shipping act.* 477, 518, 530. Les districts, baronnies ou comtés sont responsables vis-à-vis des propriétaires de tout dommage résultant du pillage, de la dégradation ou destruction d'un navire échoué ou en détresse par des personnes de leur ressort

CHAPITRE DEUXIÈME.

DEVOIRS DU CAPITAINE AU MOMENT DU NAUFRAGE.

Section I. — Du recours au Consul et à l'autorité locale.

Recours
au consul.

En cas de naufrage ou d'échouement (1), le capitaine devra s'adresser immédiatement au consul, vice-consul

agissant de concert. — Sont considérés comme coupables de crimes : celui qui empêche volontairement une autre personne de sauver sa propre vie dans un naufrage; celui qui empêche le sauvetage d'un navire, épave ou objet naufragé; celui qui vole ou détruit malicieusement une épave ou objet naufragé; celui qui vend en haute mer tout navire, épave ou objet naufragé dont il n'est pas propriétaire. — Sont considérés comme s'étant rendus coupables d'un délit : 1° celui qui monte à bord d'un navire naufragé, échoué ou abandonné, malgré la volonté du capitaine; 2° celui qui s'oppose au sauvetage d'un navire, épave ou objet naufragé ; celui qui cache cette épave et en dénature les marques distinctives; celui qui recèle un objet naufragé, sachant qu'il provient d'un naufrage et n'en prévient pas le receveur dans les 48 heures; celui qui altère cet objet naufragé sans titre régulier ou tarde à en faire la remise au receveur des douanes. *Shipping act.* 478-479.

(1) Le naufrage, c'est la perte complète du navire qui a sombré et qui a été englouti dans la mer. L'échouement avec bris, c'est lorsque le navire ne peut plus être renfloué ni mis en état de

ou agent consulaire qui réside dans le port où il est naufragé ; sinon, informer du naufrage, et par la voie la plus prompte, l'agent le plus rapproché du sinistre (1).

continuer sa route. L'échouement simple, c'est lorsque le navire peut être réparé et remis à flot. Ce dernier accident de mer constitue ce que l'on appelle spécialement des avaries ; les Anglais distinguent l'échouement forcé, *involuntary stranding*, celui qui a été occasionné par la force des éléments, de l'échouement volontaire, *voluntary stranding*, effectué avec intention par le capitaine pour la sauvegarde des intérêts communs. Le capitaine ne doit jamais échouer volontairement son navire que lorsqu'il est convaincu que le salut commun l'exige et il doit le faire de concert avec l'équipage.

(1) Indépendamment du consulat général de Londres et des quatre consulats de Glasgow, de Liverpool, de Newcastle et de Dublin, un grand nombre d'agences consulaires, soit que les titulaires aient été autorisés à exercer les fonctions d'administrateurs de la marine, soit qu'ils aient été seulement admis à agir sous le contrôle du consul dont ils relèvent, ont été instituées sur les différents points du Royaume-uni. Le tableau suivant reproduit la liste de ces agences, indique les consulats dont elles relèvent et fait connaître les attributions diverses conférées à chaque agent :

LONDRES (Consulat général).

Bideford .... Administrateur de la marine.
Brighton .... Dispensé du visa ; administrateur de la marine ; officier de l'État civil ; notaire ; dépôts ; pouvoirs spéciaux déterminés par le décret du 22 septembre 1854, en matière maritime (21 février 1857) ; autorisé à délivrer des passes et passe-ports.
Bristol .... Dispensé du visa ; pouvoirs spéciaux déterminés par le décret du 22 septembre 1854, en matière maritime (12 novembre 1858) ; administrateur de la marine.
Cowes (Ile de Wight). Dispensé du visa ; administrateur de la marine.

Recours
à l'autorité
locale.

Il pourra également recourir à l'autorité locale. En général, le receveur des naufrages (*Receiver of Wrecks*)

Dartmouth	dº	dº
Deal	dº	dº
Douvres	dº	dº
	Pouvoirs spéciaux déterminés par le décret du 22 septembre 1854, en matière maritime (12 novembre 1858) ; autorisé à délivrer des passes et passe-ports.	
Exeter	Dispensé du visa ; administrateur de la marine.	
Falmouth	dº	dº
	Pouvoirs spéciaux déterminés par le décret du 22 septembre 1854, en matière maritime. (11 novembre 1854).	
Folkestone	Dispensé du visa ; autorisé à délivrer des passes et passe-ports. Administrateur de la marine.	
Gloucester	Dispensé du visa ; administrateur de la marine ; pouvoirs spéciaux déterminés par le décret du 22 septembre 1854, en matière maritime. (12 novembre 1858).	
Guernesey	Dispensé du visa ; administrateur de la marine ; pouvoirs spéciaux déterminés par le décret du 22 septembre 1854, en matière maritime, (11 novembre 1854) ; autorisé à délivrer des passes et passe-ports ; dépôts ; officier de l'état civil ; notaire ;	
Harwich	Administrateur de la marine.	
Jersey	Dispensé du visa ; administrateur de la marine ; officier de l'état civil et notaire ; pouvoirs spéciaux déterminés par le décret du 22 septembre 1854, en matière maritime (11 novembre 1854) ; autorisé à délivrer des passes et passe-ports.	
Lowestoft	Administrateur de la marine.	
Margate	dº	
Penzance	Dispensé du visa ; administrateur de la marine ; pouvoirs spéciaux déterminés	

lui fournira les premières indications nécessaires et transmettra l'avis du naufrage au consul.

	par le décret du 22 septembre 1854, en matière maritime (11 novembre 1854).	
Plymouth	do	do
Portsmouth	do	do
	Autorisé à délivrer des passes et passeports.	
Ramsgate	Dispensé du visa ; administrateur de la marine.	
Rye	Administrateur de la marine.	
Saint-Mary (Scilly)..	do	
Sheerness	do	
Southampton	do dispensé du visa ; officier de l'état civil ; notaire ; dépôts ; pouvoirs spéciaux déterminés par le décret du 22 septembre 1854, en matière maritime (21 février 1857) ; autorisé à délivrer des passes et passe-ports.	
Tynemouth	Administrateur de la marine.	
Weymouth	Administrateur de la marine ; dispensé du visa ; pouvoirs spéciaux déterminés par le décret du 22 septembre 1854, en matière maritime (12 novembre 1858).	
Yarmouth ....·..........	Dispensé du visa ; administrateur de la marine.	

DUBLIN (Consulat).

Belfast	Dépôts ; officier de l'état civil et notaire.
Cork	Dispensé du visa ; administrateur de la marine ; officier de l'état civil et notaire ; pouvoirs spéciaux déterminés par le décret du 22 septembre 1854, en matière maritime. (29 novembre 1854.)
Drogheda	
Galway	
Limerick	
Londonderry	
Waterford	
Wexford	

Le capitaine doit prévenir le consul avant de confier exclusivement la gestion des intérêts qu'il représente

GLASGOW (Consulat).

Edimbourg-Leith...... Administrateur de la marine.
Aberdeen..................
Berwick-sur-Tweed...
Boness...................
Cormarty ....
Dumbar..................
Dundee ....
Grangemouth ....
Kirkwall ....
Lerwich.................
Peterhead...............

LIVERPOOL (Consulat).

Cardiff.................. Pouvoirs spéciaux déterminés par le décret du 22 septembre 1854, en matière
maritime (29 novembre 1854); administrateur de la marine; dépôts; officier
de l'état civil et notaire.
Llanelly.................. Administrateur de la marine; officier de
l'état civil et notaire; dépôts.
Newport .... Administrateur de la marine; officier de
l'état civil et notaire; dépôts.
Swansea .... Dépôts; officier de l'état civil et notaire;
pouvoirs spéciaux déterminés par le
décret du 22 septembre 1854, en matière maritime (29 novembre 1854).

NEWCASTLE (Consulat).

Blyth.................... Administrateur de la marine; dépôts;
officier de l'état civil et notaire; pou-
voirs spéciaux déterminés par le décret du 22 septembre 1854, en matière
maritime (23 août 1858).

à ceux qui sont intéressés dans le naufrage à un autre titre, par exemple, les représentants des assureurs de la marchandise (1).

Section II. — *De l'avis à donner aux intéressés.*

Non-seulement le capitaine doit informer le consul, il doit aussi prévenir les intéressés, armateurs, assureurs et propriétaires de la marchandise. *Avis aux intéressés domiciliés à l'étranger.*

Si les propriétaires ou consignataires se trouvent dans un lieu du Royaume-Uni autre que celui où il est naufragé, il doit également leur en donner avis dans le plus bref délai possible. *Avis aux intéressés domiciliés dans le Royaume-Uni.*

Hartlepool............... Dépôts; officier de l'état civil et notaire.
Hull.......................
Middlesborough........
Seaham...................
Stockton.................
Sunderland.............. Administrateur de la marine; pouvoirs
          spéciaux déterminés par le décret du
          22 septembre 1854, en matière mari-
          time (29 novembre 1854).

(1) Jamais il ne devra remettre le soin de ces intérêts à des étrangers avant d'avoir pris les avis du consul. Jamais il ne devra leur permettre d'opérer ni le débarquement ni le transbordement de son chargement et s'il est obligé de procéder à cette opération avant l'arrivée du consul, il devra l'effectuer sous sa propre responsabilité et, dans tous les cas, ne se dessaisir des marchandises que lorsque le représentant des intérêts de la cargaison se sera engagé par écrit à contribuer aux dépenses communes et lui aura donné garantie pour le fret.

Section III. — Des premiers devoirs du capitaine.

Devoir du capitaine de sauver tout ce qu'il lui est permis de sauver.

Le capitaine ne peut abandonner le navire qu'après avoir pris l'avis des officiers et des principaux de l'équipage. Il ne doit en sortir que le dernier et après avoir fait tout ce que la prudence et le courage exigent pour le salut de l'équipage, du navire et de la cargaison.

Ce qu'il doit avant tout sauver

Il est tenu de sauver avec lui son livre-journal et autres papiers du navire, l'argent et les marchandises précieuses, sous peine d'en répondre en son nom (1).

Importance de ne pas abandonner le navire.

Un capitaine ne doit jamais abandonner le navire naufragé tant qu'il n'est pas réduit à l'état d'épave.

Surveillance du sauvetage par les officiers du navire.

On ne saurait trop recommander au capitaine de ne point s'absenter, même momentanément, de son bord ou du lieu du sinistre, sans laisser le soin du sauvetage à l'un de ses officiers ou des principaux de l'équipage (2).

Droit de repousser ceux qui chercheraient à s'introduire de force à bord du navire.

Aucune personne, à l'exception de celles qui y sont autorisées (3), ne peut s'introduire à bord du navire sans la permission du capitaine et il a le droit de repousser par la force quiconque chercherait à y pénétrer violemment (4).

(1) Code de commerce, art. 241. Ce qu'il doit chercher à sauver avant tout, ce sont les papiers du navire : le livre de bord, le journal de navigation ou de loch, le rôle d'équipage, les chartes-parties, connaissements et expéditions. Voy. Instruction de la marine du 31 Août 1848.

(2) En son absence il peut arriver que des étrangers s'emparent du navire et alors les sauveteurs élèveront des réclamations énormes qui absorberont le plus souvent la valeur des objets sauvés. Sur certaines côtes d'Angleterre un navire abandonné est un navire perdu. Il est donc de la plus haute importance que le capitaine n'abandonne pas le navire.

(3) Voir la note 2, page 19.

(4) *Shipping act.* 478. La loi a établi dans ce cas une amende de 50 livres sterling, (1250 fr.)

Section IV. — De la constatation du sinistre.

Le capitaine doit ses premiers soins aux naufragés. Après avoir fait administrer les secours nécessaires aux marins blessés ou asphyxiés, il doit faire dresser les actes de décès devant le consul ou agent consulaire, si l'un de ces agents se trouve sur les lieux, sinon, devant l'autorité locale (1).

Secours aux blessés et asphyxiés; inhumation des corps; inscription des actes mortuaires.

Il doit également faire inhumer les corps.

Après les soins donnés aux naufragés, le capitaine est tenu de constater le sinistre. Il doit sans perdre de temps faire dresser un protêt devant un notaire, magistrat ou toute autre personne apte à déférer le serment (2).

Constatation du sinistre au moyen du protêt:

Le rapport adressé au consul ne dispenserait pas le capitaine de faire un protêt toutes les fois que des intérêts étrangers seront engagés dans un naufrage.

Nécessité du protêt quand des intérêts étrangers sont engagés.

(1) La constatation des décès a lieu devant l'archiviste de chaque paroisse ou district paroissial, lequel est, en général, le secrétaire du bureau de l'administration des pauvres et est appelé greffier de district, *registrar of the district*. Si la mort a été violente, l'inscription sur les registres de l'état civil doit être précédée d'une enquête. A cet effet, le Coroner, magistrat spécialement chargé de cette enquête en Angleterre et en Irlande, réunit un jury pour examiner le cadavre et statuer sur la cause du décès. Le capitaine peut, dans les cinq jours, faire sa déclaration, laquelle doit mentionner le jour de la mort, le nom et les prénoms de la personne décédée, l'âge, le sexe, la qualité, la profession, la cause de la mort. Il signe sur le registre et donne l'indication de son domicile. L'inscription sur les registres des actes de l'état civil n'est assujettie a aucun droit. (Statuts 6 et 7, Guillaume IV, c. 86.)

(2) Comme en France, le capitaine est tenu de mentionner aussitôt que possible sur le livre de bord tous les détails du naufrage. Si le livre n'a pu être sauvé, il doit constater sur

En l'ab-
sence du
protêt faire
un rapport
de mer.

S'il ne se trouve aucune personne apte à lui déférer le serment sur le lieu du sinistre, notaire ou magistrat, et s'il n'a pu sauver son livre de bord, le capitaine devra rédiger le plus tôt possible sur papier libre son rapport et le faire signer par son équipage après lecture faite.

Enquête
sur les cau-
ses du nau-
frage.

Indépendamment de la formalité du protêt, le capitaine peut être soumis en Angleterre à une enquête ordonnée dans certains cas par l'administration locale (1).

place ou dans le lieu le plus voisin toutes les circonstances du sinistre et ce rapport doit être affirmé par les gens de son équipage. Mais l'inscription sur le livre de bord ne dispense pas de la formalité du protêt. Le protêt se compose d'un extrait du journal de bord et doit contenir le récit du voyage et les détails du naufrage.

(1) Les officiers inspecteurs du service de la garde des côtes, les officiers des douanes ou juges de paix ont la faculté de procéder à des enquêtes toutes les fois que, sur les côtes du Royaume-Uni ou aux environs, un navire a occasionné la perte d'un autre navire ou lui a causé des avaries, ou que les accidents survenus ont causé la mort d'un individu. Cette formalité a d'autant plus d'importance que le document qui en résulte peut être admis comme moyen de preuve devant une cour de justice ou devant toute personne ayant pouvoir d'entendre les parties, de recevoir leurs déclarations et de les examiner. Les fonctionnaires chargés de procéder à l'enquête sont autorisés à interroger sous serment toute personne appartenant à un navire en détresse ou apte à fournir des informations sur les points suivants : 1º le nom et la description du navire ; 2º les noms du capitaine et des armateurs ; 3º les noms des propriétaires de la marchandise ; 4º les noms des assureurs et les sommes assurées ; 5º les ports et lieux d'où vient le navire et ceux auxquels il était destiné ; 6º la cause du naufrage ; 7º les services rendus ; 8º toutes les circonstances qui peuvent se rapporter soit au navire, soit à la marchandise qui était à bord. Ce procès-verbal est rédigé par écrit et il en est adressé deux expéditions, l'une au Board of Trade, l'autre au secrétaire du Lloyd qui en donne communication à toutes les personnes désirant en prendre connaissance.

Section V. — Du sauvetage du navire et de la cargaison.

Si le navire qui a échoué ou sombré obstrue la navigation du port, de la rade ou de la rivière dans laquelle il se trouve, le capitaine doit se concerter avec les officiers de la police maritime (*Waterbailiff*, *Harbour Master* ou *Dockmaster*), soit pour en opérer le renflouement, soit pour effectuer sa démolition sur place (1).

De même, le capitaine devra s'entendre avec ces officiers pour emmagasiner les marchandises qui sont l'objet de mesures spéciales, telles que des poudres. Si ces opérations sont exécutées par des employés publics, il aura soin de stipuler qu'elles doivent être faites dans les limites de la plus stricte économie.

Dans un naufrage en Angleterre le capitaine ne doit pas oublier qu'il reste responsable de tous les intérêts qui lui ont été confiés. Après avoir pourvu au salut de l'équipage et des passagers, il doit apporter à la conservation de la cargaison la même diligence et le même soin que si cette cargaison était sa chose propre. Il doit surtout se garder de chercher à favoriser l'armateur aux dépens de l'assureur.

Il oblige ses armateurs, mais la responsabilité de ces derniers en Angleterre est déterminée par la loi du pays dont le navire porte le pavillon (2).

(1) Il importe d'autant plus que le capitaine provoque ces mesures que le relèvement du navire pourrait être effectué en son absence par les officiers de la police maritime aux frais des armateurs et en dehors de son contrôle.

(2) Arrêt rendu par la cour du Banc de la Reine, le 30 mai 1864, notifié par la circulaire du ministre de la marine du 17

En l'absence du consul, le capitaine reste seul responsable de la direction du sauvetage. Il peut toutefois se mettre d'accord avec les intéressés qui seraient sur les lieux, soit pour diriger les opérations matérielles de sauvetage, soit pour désigner avec eux les personnes qui seront chargées de ce soin (1).

Le capitaine devra toujours employer de préférence l'équipage aux travaux de sauvetage et de déchargement. Tout capitaine qui ne parviendrait pas à faire respecter ses ordres devrait adresser sa plainte soit au consul du lieu le plus voisin, soit au commissaire de la marine du lieu de l'armement du navire et mentionner le fait sur le livre de punition (2).

octobre de la même année. Bulletin off. 1864, 2ᵉ semestre, p. 241. Cet arrêt pose en principe général que les pouvoirs du capitaine pour engager ses armateurs sont déterminés par la loi du pays dont le navire porte le pavillon et que c'est à ceux qui contractent avec le capitaine à s'informer de cette loi. La cour a considéré le pouvoir du capitaine comme soumis à la loi générale du mandat. Ceux qui contractent avec un mandataire ne peuvent obliger le mandant que dans les limites du mandat. Or, le pavillon du navire indique à tous quelle loi détermine l'étendue du pouvoir conféré au capitaine et, par suite, quelle est la responsabilité de l'armateur.

(1) Comme en France, les intéressés ou leurs représentants munis de pouvoirs suffisants sont admis à opérer le sauvetage en acquittant les frais déjà faits et en donnant caution pour ceux qui restent à faire.

(2) Les frais de sauvetage étant préférés à tous autres, même aux loyers des gens de mer, et distincts des autres salaires, les matelots qui ont travaillé au sauvetage y ont seuls droit et ce qu'ils reçoivent de ce chef ne s'impute pas sur les autres loyers. En cas de prise, bris ou naufrage, avec perte du navire et des marchandises, les gens de mer n'ont pas droit à leurs salaires, mais ils ne sont pas tenus non plus de restituer les avances qui leur ont été faites. Si une partie du navire a été sauvée, les matelots sont payés de leurs loyers échus et de

Outre les gens de l'équipage, le capitaine peut employer des manœuvres et des ouvriers pour accélérer les travaux de sauvetage (1).

Emploi de manœuvres étrangers.

Le capitaine passe des marchés, règle ou fixe à l'amiable le prix des journées et de la location des voitures, charrois et ustensiles que nécessite le sauvetage (2).

Passation de marchés

Le capitaine doit, pour assurer la conservation des objets recueillis, faire établir des abris provisoires, se procurer des magasins, instituer des gardiens ou dépositaires et se concerter au besoin avec l'autorité locale et le receveur des naufrages dans toutes les circonstances qui pourraient exiger l'emploi de la force publique (3).

Etablissement de magasins et institution de dépositaires

leur rapatriement sur les produits des débris du navire. Code de commerce, 259, et arrêt de la Cour de Rouen, du 24 juillet 1834.

(1) Ord. du 29 oct. 1833, art. 70.

(2) *Manual for Shipmasters,* p. 155. Toutes les fois que le capitaine pourra traiter par écrit, il fera bien de spécifier les engagements qu'il aura contractés. C'est surtout pour la passation de ces marchés et contrats qu'une personne au courant des habitudes locales lui sera nécessaire. Dans le cas où le consul ne pourrait se déplacer, le capitaine devra le prier de déléguer un fondé de pouvoirs qui puisse l'assister dans ces opérations difficiles. Si le capitaine ignorait la langue anglaise, la présence de ce délégué lui serait indispensable.

(3) Ord. du 29 oct. 1833, art. 63 et 66. Il a été recommandé aux consuls par l'administration française de dresser un inventaire exact et détaillé des objets recueillis et emmagasinés, avec indication des numéros et des marques des colis. Cet inventaire dont les énonciations doivent servir à reconnaître ou à contrôler les réclamations de chaque ayant-droit et à opérer la répartition proportionnelle des produits et des dépenses doit être signé par le consul, lorsqu'il intervient, le capitaine et le gardien des effets emmagasinés. On a même recommandé aux consuls de dresser jour par jour, vacation par vacation, des procès-verbaux circonstanciés des particularités de sauvetage,

Section VI. — De l'Obligation d'avaries.

Obligation de contribuer aux pertes communes.

Lorsqu'il y aura des intéressés étrangers dans un naufrage et que ces intéressés se trouveront sur les lieux ou auront pu envoyer leur procuration, le capitaine ne devra jamais omettre de leur faire contracter par écrit l'obligation de contribuer aux pertes communes (1).

Cet acte s'appelle *Average Bond*, obligation d'avaries (2).

spécifiant les heures employées à chaque vacation, le nombre de journaliers et de charrois mis en réquisition, la nature des objets sauvetés, le lieu et l'emplacement où ils ont été mis en dépôt, ainsi que l'état dans lequel on les a trouvés. Toutes ces dispositions doivent être également observées par le capitaine.

(1) Dans cet acte qui est fait devant un notaire ou sous seing privé, les parties s'engagent à supporter en commun et au prorata les dommages constatés et à payer au capitaine, aux armateurs ou à leurs agents, la portion à laquelle chacune d'elles sera tenue dans la contribution générale. — Bien que l'obligation d'avaries soit une garantie que tous les intéressés doivent coopérer aux dépenses communes, le capitaine peut cependant, dans certains cas, exiger une caution, par exemple, lorsque ceux-ci ont été admis à opérer le sauvetage.

(2) Lorsqu'il y a plusieurs réclamateurs, il vaut mieux signer un acte collectif afin d'éviter les dépenses résultant des poursuites individuelles. L'obligation d'avaries pourra désigner le nom du répartiteur; mais on peut également insérer dans l'acte cette mention : Règlement d'avaries fait selon les us et coutumes du Lloyd. Cette clause sera de nature à prévenir toutes les difficultés qui pourraient s'élever sur le choix d'un répartiteur. L'acte connu sous le nom d'obligation d'avaries est ainsi conçu :

Arrangement passé le... de l'année..., entre A. B., capitaine du navire *Anna Boleyn*, appartenant à..., d'une part, et les autres personnes ci-après désignées, d'autre part.

Considérant que le navire *Anna Boleyn*, parti de..... le..... à

Section VII. — De la détention de la marchandise.

A défaut de l'obligation d'avaries, le capitaine ne devra jamais se dessaisir de la marchandise qu'il est

destination de... avec un chargement de..., après avoir été surpris par un gros temps, le..., a beaucoup souffert des effets de la tempête, a été jeté à la côte et que l'équipage a été obligé, pour le salut du bâtiment et de la cargaison, de *(indiquer ici avec clarté et avec soin les circonstances qui ont occasionné l'avarie commune, afin de déterminer que les sacrifices et les dépenses ont été faits pour tous les intéressés et que les parties sont obligées en droit de contribuer au prorata aux avaries communes)*; que, par suite, des pertes considérables ont été éprouvées, que de grandes dépenses, frais et débours ont été encourus, sans qu'il soit possible d'en fixer dès à présent le montant et que ces dépenses constituent une charge pour le navire, le fret et la cargaison et peuvent dès lors être considérées comme avaries communes, avaries auxquelles les intéressés d'autre part, à savoir : les propriétaires ou consignataires de la marchandise, ou leurs représentants, sont obligés de contribuer.

En conséquence, il est stipulé par le présent acte que le capitaine s'engage, tant pour lui que pour les armateurs du navire, et convient avec chacune des parties que lui, A. B., ou lesdits armateurs remettront ou feront remettre, aussi prochainement qu'il sera possible de l'effectuer, au port de... ci-dessus désigné, sur une réquisition convenable, les objets, denrées ou marchandises chargés à bord dudit navire et appartenant ou consignés aux personnes précédemment désignées, leurs représentants ou commissionnaires et leur permettront de recevoir, appréhender et faire enlever lesdites marchandises, conformément aux droits et intérêts de chacun (sans tenir compte des dommages ou événements de mer, arrêt de prince, incendie, capture par des pirates ou ennemis ou tout autre accident inévitable).

En considération de quoi les parties ci-dessus désignées s'engagent séparément, personnellement et non solidairement, et conviennent avec le capitaine A. B., tant avec lui qu'avec ses armateurs, de payer ou faire payer dans une juste proen droit de détenir jusqu'à ce que chaque partie ait payé sa contribution d'avaries (1).

Remise de la marchandise sur connaissements

Il ne devra également se dessaisir de la marchandise que lorsque le réclamateur aura produit des connaissements régulièrement endossés au profit du porteur. Il sera même prudent de la part du capitaine de prendre copie des endos.

Le simple consignataire n'est pas astreint à payer la part d'avaries afférente à la marchandise (2).

Signature de l'obligation d'avaries par le consignataire.

Aussi le capitaine fera-t-il bien de ne se dessaisir de la marchandise que lorsque celui-ci aura signé l'obligation d'avaries et, par conséquent, se sera obligé à acquitter la contribution incombant à la part de la cargaison qui lui a été délivrée.

portion, audit capitaine A. B., aux armateurs ou à leurs représentants, en cas de réquisition, la part exacte et respective des avaries et des dépenses communes, par rapport aux marchandises de chacun, ainsi que toutes les charges légales, frais de sauvetage et autres auxquels ils seront soumis ou que la cargaison aurait à supporter dans les circonstances ci-dessus mentionnées ; et, afin d'arriver à une meilleure évaluation, ils conviennent de remettre le soin d'en établir la liquidation à M. C. D., de..., courtier d'assurances, dont ils s'engagent à approuver et à exécuter la décision.

En foi de quoi les parties ont signé le présent acte, les jour, mois et an que dessus.

(1) Abbott *on Shipping*, 554.
(2) Abbott *on Shipping*, 554.

CHAPITRE TROISIÈME.

DES DEVOIRS DU CAPITAINE APRÈS LE NAUFRAGE.

Section I. — De l'expertise du navire.

De même qu'en France, si le navire n'a pas entière- Expertise du navire en Angle- terre.
ment péri et qu'il puisse être relevé, il ne sera déclaré
innavigable qu'après expertise (1).

L'expertise en Angleterre n'est soumise à aucune Conditions de l'exper- tise.
formalité administrative. Le choix des experts est
abandonné au capitaine qui doit seulement choisir des
personnes compétentes (2).

(1) Il faut distinguer dans ce document les avaries qui pro-
viennent de fortune de mer et celles qui doivent être attri-
buées à d'autres causes. Il faut également mentionner dans
cet acte que le navire a perdu le caractère de navire, qu'il est
devenu un objet naufragé, *a wreck*, un simple amas de planches,
et qu'il doit être démoli et vendu comme un objet naufragé.
Lees *Manual for Shipmasters*, p. 136.

(2) Lees *Manual for Shipmasters*, p. 175. Il y a cette grande
différence entre l'expertise française et l'expertise anglaise que
la première, ordonnée par l'administration, dégage en partie la
responsabilité du capitaine, tandis que, dans la seconde, il faut,
pour que sa responsabilité soit couverte, qu'il ait eu soin de
faire opérer l'expertise par des personnes compétentes et dû-
ment qualifiées. Le capitaine a des pouvoirs plus étendus en
Angleterre qu'en France, mais alors il est obligé de recourir à

Choix des experts.

En général ce sont les experts du Lloyd ou du Veritas qui procèdent dans presque tous les ports d'Angleterre à l'examen du navire; mais le capitaine est libre, sous sa responsabilité, de faire un autre choix.

Il devra éviter de prendre pour expertiser le navire les agents qui seraient assureurs de la marchandise.

Section II. — De la condamnation et de la vente du navire.

Du délaissement.

Pour que le navire puisse être délaissé en Angleterre, il faut qu'il ait été mis en pièces, qu'il ne puisse plus être réparé, que les réparations excédent sa valeur ou bien que, dans le lieu où il est naufragé ou échoué, il ne soit pas possible d'exécuter les réparations (1).

Condamnation du navire.

En Angleterre, le navire est condamné lorsque le dommage éprouvé par suite de fortune de mer est tel qu'il ne peut continuer son voyage sans excéder une

la formalité de l'expertise chaque fois qu'un cas extraordinaire se présente. L'on ne distingue pas entre les avaries grosses et les avaries particulières. Le fait de l'expertise abandonnée aux capitaines a donné lieu à de tels abus en Angleterre qu'il est question en ce moment de réglementer cette formalité; la Chambre de commerce de Newcastle proposerait d'introduire dans le nouveau bill soumis à la Chambre des Communes un amendement qui serait ainsi conçu :

« Dans le cas où un navire en détresse se réfugie dans un port ou autre lieu, réclame assistance ou est innavigable, une expertise peut, à la requête de toute personne intéressée dans le navire, la cargaison ou le fret, être faite par tous experts compétents nommés par les tribunaux, magistrats et officiers de douane ou autres personnes autorisées. Ces tribunaux et ces personnes auront le pouvoir d'ordonner l'expertise dans toutes les circonstances où cela sera nécessaire et le certificat d'expertise fera preuve et établira définitivement les droits des parties.

(1) Dana's *Seamen's Friend*, p. 319-320.

dépense s'élevant au-dessus de sa valeur réelle lorsqu'il aura été réparé (1).

Si le navire ne peut être réparé, le capitaine doit en requérir la vente pour compte de qui de droit. *Vente du navire.*

Cette vente doit être annoncée dans les journaux et être faite aux enchères. Elle peut avoir lieu dans un délai plus ou moins rapproché, selon l'urgence.

Section III. — De l'expertise et de la vente des marchandises.

Le capitaine est également astreint à faire expertiser les marchandises dès qu'il s'agit d'une avarie de quelque importance; de même que dans l'expertise du navire il lui suffit de choisir des personnes compétentes (2). *Expertise de la marchandise.*

Le capitaine peut aliéner la marchandise toutes les fois qu'elle est sujette à dépérissement et qu'elle ne peut être transbordée sur un autre navire. Mais il faut qu'il y ait nécessité de vente et que cette nécessité ait été constatée par des experts (3). *Vente des marchandises sujettes à dépérissement.*

(1) Dana's *Seamen's Friend*, p. 328. Des instructions du ministre de la marine ont prescrit aux consuls de faire abandon en nature des objets sauvés dont la valeur ne couvrirait pas les dépenses matérielles de sauvetage; le capitaine devra se conformer à ces prescriptions. Mais si une obligation d'avaries, *average bond*, a été souscrite par lui, il ne pourra faire cet abandon qu'après s'être mis d'accord avec les autres parties intéressées et avoir obtenu d'elles l'engagement formel que le produit du navire ou des objets naufragés n'aura pas à participer à la contribution commune.

(2) Lees *Manual for Shipmasters*, p. 156.

(3) Lees *Laws of Shipping*, p. 345. Le capitaine s'exposerait à des dommages et intérêts envers les propriétaires, s'il était démontré que, même ayant agi de bonne foi, il aurait dû conserver les marchandises ou les charger sur un autre navire. La vente ou le transbordement dépendent beaucoup de l'état dans

Section IV. — Du paiement du fret.

Paiement
du fret.

Le réclamateur doit non-seulement rembourser au capitaine les frais de sauvetage, mais il doit encore lui payer le montant du fret de la marchandise sauvée.

Fret in-
tégral ou
partiel.

Le capitaine est payé du fret partiel jusqu'au lieu du naufrage, et du fret intégral s'il conduit là marchandise jusqu'au lieu de destination. Il a également droit au fret intégral dans le cas où le réclamateur prendrait d'office livraison de là marchandise (1).

Section V. — Du congédiement des matelots.

Recours
à la société
des naufra-
gés.

S'il se trouve entièrement dépourvu de ressources au moment du naufrage, le capitaine pourra toujours s'adresser à la société des naufragés (*Mariners Wreck Society*) qui a des bureaux dans presque tous les ports du Royaume-Uni et il obtiendra pour lui et les hommes de son équipage les moyens de se rendre jusqu'au lieu dans lequel réside un consul ou agent consulaire.

Congédie-
ment des
matelots.

Lorsque l'assistance des matelots qui ont travaillé au sauvetage n'est plus nécessaire, le capitaine doit les congédier et les renvoyer en France par la voie la moins coûteuse.

---

lequel elles se trouvent. Ainsi il peut y avoir des inconvénients graves à transborder un chargement avarié, tel que du sucre ; c'est quelquefois convertir en perte totale une perte partielle ; c'est perdre non-seulement la marchandise, mais encore le fret. Il en est autrement des marchandises qui peuvent supporter un transbordement. Lees *Laws of Shipping*, p. 345. *Letters to a young mariner*, p. 90.

(1) Lees *Laws of Shipping*, p. 302, 340, 72.

Si le produit du navire ne suffisait pas pour acquitter les frais de rapatriement, le capitaine doit adresser les marins au consul le plus voisin qui opérera leur rapatriement.

Section VI. — *Du réglement d'avaries.*

La liquidation d'un naufrage en Angleterre, lorsqu'il y a plusieurs intéressés dans le sinistre, se fait toujours au moyen d'un réglement d'avaries (1).

Le capitaine doit recueillir avec le plus grand soin toutes les pièces, comptes, reçus et quittances relatifs au naufrage et, lorsqu'il s'agit d'avaries particulières, les transmettre à ses armateurs ou aux autres intéressés. S'il y a lieu, au contraire, de régler des pertes communes, il devra faire la remise des documents qu'il a réunis à un répartiteur désigné dans l'obligation d'avaries ou choisi par les parties.

Liquidation d'un naufrage.

Réunion des pièces justificatives.

(1) Voir plus loin, partie II, ch. 1. sect. x, comment s'établit le réglement d'avaries.

CHAPITRE QUATRIÈME.

TRIBUNAUX EN MATIÈRE DE SAUVETAGE.

---

*Sect. I.— Des tribunaux appelés à connaître des questions
de sauvetage.*

Tribunaux appelés à connaître des affaires de sauvetage.

Toutes les affaires litigieuses en matière de sauvetage se décident ou par voie d'arbitrage volontaire, ou devant certains magistrats, juges de paix, juges rétribués, greffiers de bourgs, sheriffs, ou devant les cours de comtés ou cours locales siégeant comme cours maritimes, ou devant les trois hautes cours d'amirauté d'Angleterre, d'Irlande et d'Écosse (1).

(1) Avant les deux actes du 20 août 1867 et du 31 août 1868, c'était seulement devant les juges de paix, magistrats, greffiers de bourgs, sheriffs et les trois cours d'amirauté qu'étaient portées les questions de sauvetage. Ces deux actes, le premier relatif à l'Irlande, le second à l'Angleterre, ont transporté soit aux cours de comtés, soit aux cours locales, une partie des attributions des cours d'amirauté d'Angleterre et d'Irlande. Les cours de comtés et cours locales sont appelées à connaître aujourd'hui des questions de sauvetage, de remorquage et d'abordage. En Angleterre, des cours de comtés ont été établies à Newcastle, Durham, Stockton, Middlesborough, Hull, Great Grimsby, Boston, King's Lynn, Yarmouth, Lowestoft, Ipswich, Colchester, Londres, Rochester, Ramsgate, Douvres, Brighton, Portsmouth, Southampton, Poole, Exeter, Dorchester, Totnes,

Section II. — *Des juges de paix.*

Si le différend ne peut être réglé soit à l'amiable, soit au moyen d'un arbitrage (1), le capitaine devra s'adresser aux juges de paix. Toute contestation dans laquelle la valeur de l'objet sauvé n'excède pas 1,000 liv. sterling ou dans laquelle le montant de l'objet réclamé n'excède pas 200 livres peut être déférée à deux juges de paix ou à un juge rétribué (2).

Compé-
tence des ju-
ges de paix,
juges rétri-
bués, gref-
fiers de bourgs
et shérifls.

Churston Ferrers, East Stokehouse, Irun, Barnstaple, Bridge-water, Bristol, Gloucester, Newport, Cardiff, Caermarthen, Bangor, Liverpool et Whitchaven. En Irlande, les cours locales ont la juridiction maritime : 1.º Lorsque le montant de la valeur ou de l'objet en litige n'excède pas 200 livres; 2º lorsque le montant de la valeur ou de l'objet en litige excède 200 livres, mais que les parties acceptent leur juridiction ; 3º lorsque l'affaire a été instruite mal à propos devant la cour d'amirauté ou que celle-ci en réserve la connaissance à une cour locale. Voir l'acte du 20 août 1867 relatif à l'Irlande, art. 74. Le même article dispose que les affaires de sauvetage seront décidées d'après les règles tracées par l'acte de 1854 et celui de 1862.

D'après le nouveau bill soumis à la Chambre des Communes, les receveurs des naufrages seraient appelés à connaître des contestations de sauvetage toutes les fois que le total de la somme réclamée n'excèderait pas 20 livres et la valeur de la propriété sauvée 50 livres. Les contestations seraient réglées par le receveur du district où les services ont été rendus ou dans lequel se trouve la propriété sauvée au moment de la réclamation.

(1) Voir plus loin, partie III, sect. III et V.

(2) *Shipping act.* 460-462, acte 25-26, Victoria, ch. 63. Dans la campagne, les juges de paix sont choisis parmi les propriétaires possédant une certaine fortune, des membres du clergé de l'église anglicane ou d'anciens officiers en retraite. Dans les villes, ce sont indistinctement des rentiers ou des négociants dont on fait choix. Les juges de paix sont nommés à vie par le lord chancelier sur la proposition du lord lieutenant du comté. Ces fonctions sont gratuites et très-recherchées. Tout juge rétribué, *Stipendiary magistrate,* en Angleterre, tout sheriff

Section III. — Des cours de comtés et cours locales.

Juridiction des cours de comtés et des cours locales. Les contestations en matière de sauvetage, de remorquage et d'abordage peuvent être portées aujourd'hui devant les cours de comtés, si la valeur des objets sauvés n'excède pas mille livres sterling (25,000 fr.) et si la valeur du montant réclamé ne dépasse pas 300 livres. (7,500 fr.)

Elles peuvent être portées en Irlande, devant les cours locales, quand le montant de la valeur réclamée ou de l'objet en litige n'excède pas 200 livres (1).

Extension de juridiction. La compétence de ces deux espèces de cours peut être étendue par les parties elles-mêmes, lorsqu'elles déclarent se soumettre à leur juridiction. (2).

ou substitut de sheriff en Ecosse, tout greffier de bourgs ou président de sessions trimestrielles en Irlande, peut exercer en matière de sauvetage la même juridiction que celle qui a été attribuée aux juges de paix. Ces différents magistrats peuvent s'adjoindre un assesseur maritime (*a nautical assessor*) et ils sont autorisés à requérir la production de tous documents, à interroger les parties et à déférer le serment.

Dans le nouveau bill soumis à la Chambre des Communes, il n'est plus question de la juridiction des juges ci-dessus mentionnés; mais leurs attributions sont partagées entre les receveurs du district et les cours de comtés et cours locales.

(1) Acte du 31 août 1868, art. 3.

(2) Les parties peuvent, en signant ou en faisant signer une note par leurs fondés de pouvoirs, déclarer se soumettre à la juridiction des cours de comtés ou des cours locales, lors même que la valeur de l'objet sauvé ou le montant de la réclamation s'élèverait au-dessus des sommes indiquées plus haut. Ibid.

D'après le nouveau bill soumis à la Chambre des Communes, la compétence des cours de comtés serait étendue aux cours locales d'Irlande, c'est-à-dire qu'elles seraient appelées à connaître de toutes les contestations de sauvetage dans lesquelles le montant de la réclamation n'excède pas 300 livres et la valeur de l'objet sauvé n'excède pas 1,000 livres sterling.

Toute affaire portée devant une cour de comté devra être soumise à la cour dans le district de laquelle se trouve le navire ou l'objet en litige au début de la procédure (1).

Compétence des cours de comtés.

Section IV. — De la cour de session.

En Ecosse, les contestations de sauvetage sont toujours décidées soit par les shériffs ou substituts de shériffs, lorsque le montant de la contestation ne dépasse pas la compétence des juges de paix (2), soit par la cour de session siégeant comme cour d'amirauté, lorsqu'il dépasse cette somme (3).

Juridiction en Ecosse.

Section V. — De l'appel de premiers jugements.

L'appel des décisions des juges de paix, shériffs ou des cours de comtés et cours locales, ne peut être porté devant les hautes cours d'amirauté d'Angleterre, d'Ecosse ou d'Irlande que lorsque le montant de la

Appel en matière de sauvetage.

---

(1) Acte du 31 août 1868, art. 21. Si le demandeur établit devant la cour qu'il est probable que le navire ou l'objet en litige peuvent être distraits de sa juridiction avant la décision du juge, celui-ci, ou en son absence le greffier, est autorisé à émettre un mandat ordonnant la saisie du navire jusqu'à ce que le défendeur ait offert caution, non-seulement du montant de la réclamation, mais encore des frais de procédure ; excepté ce cas, les cours de comtés ne pourront ordonner la saisie d'un navire que lorsqu'il s'agira de mesures d'exécution. Même acte, art. 31.

(2) 1,000 livres sterling lorsqu'il s'agit de la valeur de l'objet sauvé et 200 livres lorsqu'il s'agit du montant de la réclamation.

(3) Cette cour qui est appelée à connaître de toutes les affaires civiles se compose d'un lord président, d'un lord juge et de onze juges : il y a deux chambres civiles qui exercent les

somme fixée par le premier jugement excède 50 livres (1).

L'appel n'a pas lieu lorsque les parties se sont en-
gagées d'avance par écrit à ne pas y avoir recours ; il
doit être interjeté dans les 10 jours du jugement en
Angleterre et dans les 14 jours en Irlande (2).

mêmes fonctions ; la première est composée du lord président
et de trois juges, la seconde du lord juge et de trois autres juges. Les cinq autres membres de la cour siégent séparément
pour juger les causes en première instance et sauf appel à l'une
des deux chambres. Toutes les règles applicables aux cas maritimes sont les mêmes que celles qui ont été consacrées en Angleterre et en Irlande.

(1) *Shipping act.* 464. Acte du 31 août 1868, art. 28.

(2) Acte du 31 août 1868, art. 31, et acte du 20 août 1867. Art.
87, 88 et 91.

PARTIE II. — DES AVARIES.

CHAPITRE PREMIER.

DES DEVOIRS DU CAPITAINE EN CAS D'AVARIES.

Section I. — De la distinction des avaries.

Lorsque le navire, après avoir éprouvé des avaries, peut être réparé, reprendre la mer et achever son voyage, alors le capitaine n'a plus à opérer le délaissement; il doit s'occuper de constater les avaries, faire relever le navire, exécuter les travaux de réparation, décharger, emmagasiner ou faire vendre les marchandises, acquitter les dépenses, emprunter, si cela est nécessaire, et faire régler les avaries.

Il importe au capitaine de distinguer les avaries. En Angleterre comme en France, on appelle avarie commune tout dommage volontaire supporté par une partie du navire ou de la cargaison pour le bien et le salut de l'un et de l'autre ; avarie particulière tout dommage involontaire résultant d'un accident particulier ou du vice de la chose propre (1).

(1) V. *Laws of Shipping*, pages 348-351. Il est impossible d'énumérer tous les cas qui constituent soit des avaries communes, soit des avaries particulières. La classification dans l'une ou l'autre catégorie dépend d'ailleurs beaucoup de circonstances de fait; cependant de nombreuses contestations ont été portées devant les cours du Royaume-Uni et la jurisprudence a conservé un certain nombre de précédents qui font aujourd'hui autorité en Angleterre. Ont été considérées comme avaries communes:

1º Les marchandises jetées à la mer après délibération ou les mâts, gréements, embarcations sacrifiés pour le salut commun pendant que le navire était en détresse, ou les dommages causés à la cargaison ou au navire en coupant les flancs ou le pont pour effectuer ou faciliter le jet.

2º Les pertes occasionnées par suite d'échouement volontaire sur un rivage en vue d'éviter l'ennemi ou des rochers dangereux sur lesquels le navire est poussé par la tempête, toutes les fois qu'il s'agit du salut commun.

3º Les câbles attenant à l'ancre, les mâts, les gréements, les embarcations sacrifiés pour alléger et préserver le navire et la cargaison dans un danger imminent, et lorsque la sûreté générale exigeait le sacrifice.

4º Les ancres abandonnées ou filées par le bout, les câbles coupés, les voiles, cordages ou l'ameublement abandonnés pour relever le navire, pour éviter d'aller à la côte ou sur des rochers ou prévenir un abordage;

5º En cas d'échouement volontaire pour le salut du navire ou de la cargaison sur un rocher, bas-fond ou côte, lorsqu'il y a danger d'être chassé par la tempête, pris par l'ennemi ou porté à terre, les avaries survenues au navire ou à la cargaison ou à tous deux par suite de cet échouement volontaire et la perte des marchandises jetées à la mer pour faire flotter le navire.

6º La perte d'une partie de la cargaison transbordée dans des chalands ou des embarcations pour alléger le navire dans quelque danger imminent ou pour l'empêcher de sombrer, pour le remettre à flot lorsqu'il est échoué, pour le faire entrer dans un port lorsqu'il est en détresse, pour passer une barre ou pour remonter une rivière.

7º Les frais faits dans le cas où le navire a éprouvé un accident de mer sujet à une contribution commune et lorsqu'il est

Pour constituer une avarie grosse il sera nécessaire
dans beaucoup de cas que les délibérations du capi-

obligé d'entrer dans un port de relâche pour le salut de tous.
Les frais de déchargement, de magasinage et de rechargement
ne sont avaries communes que lorsqu'ils étaient absolument
nécessaires pour exécuter les réparations et pour le salut du
navire et de la marchandise.

8° La location d'auxiliaires extraordinaires en vue de sauver
le navire et la cargaison dans des circonstances exceptionnelles,
lorsqu'il y a danger pour tous deux; la location de bras extraordinaire pour tenir le navire étanche, de manière à ne pas
avarier la cargaison et si le fait ne provient pas du vice propre
du navire.

9° Les frais de déchargement de tout ou partie de la cargaison, lorsqu'un navire est échoué ou en danger d'être perdu,
afin d'alléger le navire, et même les dépenses ayant pour objet
de le remettre à flot avec sa cargaison à bord, lorsqu'il s'agit du
salut commun.

10° Les dommages occasionnés pendant le jet aux autres
marchandises, qu'elles aient été avariées par l'eau de mer ou
enlevées par les lames; en cas d'incendie, le dommage occasionné
aux marchandises par les moyens qui ont servi à l'éteindre.

11° Les dépenses indispensables pour retourner au port et y
réparer les avaries, lorsque les avaries essuyées par le navire
étaient des avaries communes et que le retour au port était
nécessaire au salut de tous; ces dépenses sont limitées à ce qui
était absolument nécessaire pour mettre le navire en état de
se rendre à destination.

Sont considérées comme avaries particulières :

1° La perte d'une ancre ou d'un câble, l'écartement d'un
bordage.

2° La perte de voiles, de mâts, de câbles enlevés ou brisés
par la violence du vent ou dans une tempête.

3° Le dommage causé à un navire et à ses agrès par suite du
gros temps qui oblige le capitaine à relâcher dans un port
pour y radouber, et les loyers et nourriture des matelots
pendant la détention du navire.

4° Les frais de réparation, les loyers et l'entretien des matelots pendant les réparations ; les dépenses occasionnées par la
nécessité des réparations, lorsqu'un navire qui a fait une voie
d'eau a été obligé de rentrer au port et qu'il a été nécessaire
d'effectuer un déchargement et un rechargement.

taine aient été motivées autant du moins que les circonstances le permettent.

5° Les frais occasionnés par une relâche que la nature du temps rendait un acte de prudence sans exiger de la part du navire aucun sacrifice pour le salut commun.

6° Les pertes résultant de la vente d'une partie de la cargaison pour acquitter les réparations nécessaires au navire par suite des périls ordinaires de mer.

7° Les frais de réparation lorsque le navire peut être réparé avec la marchandise à bord, les frais de déchargement de la cargaison, simplement pour la conserver en bon état, le déchargement des provisions du navire, lorsque le chargement est à terre et que le déchargement des provisions n'a lieu que pour la sécurité du navire.

8° Les frais faits, lorsqu'un navire arrive dans un port intermédiaire, après avoir été tellement désemparé qu'il devenait nécessaire de décharger la cargaison, tant pour les réparations du navire que pour sa propre conservation, lorsque dans ce port une partie proportionnelle du fret est payée et que la marchandise est transbordée. Dans ce cas, les frais de déchargement, de transbordement et de réexpédition de la marchandise incombent à la cargaison seulement, tandis que les frais de réparation sont à la charge du navire.

9° Les dépenses du capitaine dans le port de relâche pendant la durée du déchargement, des réparations, du rechargement ; les dépenses faites pour remplacer les déserteurs, les gratifications extraordinaires promises par le capitaine aux matelots, au moment du danger, pour stimuler leur zèle.

10° Les gages et la nourriture de l'équipage, quand le navire est arrêté dans un port étranger, par ordre d'une puissance, lorsque le bâtiment attend un bâtiment de conserve, ou lorsqu'il a été retenu par les glaces en cours de voyage.

11° Les dépenses ayant pour objet de réparer les avaries accidentellement causées par fortune de mer en cours de voyage.

12° La perte des marchandises transportées du navire au port de destination sur des bateaux ou alléges, lorsqu'elles ont été chargées et qu'elles ont été perdues ; mais, lorsque ces marchandises ont été mises en sûreté et que le navire et les autres marchandises ont été perdues, celles qui ont été chargées à bord des alléges ne contribuent pas non plus à l'avarie commune.

C'est au capitaine à décider de l'opportunité et de l'urgence du sacrifice, mais il doit autant que possible consulter ses officiers et son équipage (1).

Section II. — De la constatation des avaries.

Lorsqu'il s'agit d'avaries particulières, le capitaine est dispensé de recourir au consul, même lorsqu'il se trouve un agent français sur les lieux du sinistre. En Angleterre, il ne doit jamais omettre de faire constater les avaries (2).

Le capitaine devra donc, dès qu'il arrivera dans un port de relâche et toutes les fois qu'il aura essuyé des

Nécessité de constater les avaries particulières en Angleterre.

Du protêt d'avaries.

13° Les pertes résultant de la vente faite par le capitaine d'une partie de la cargaison, lorsqu'il n'a pas les fonds ou les moyens nécessaires pour se procurer de l'argent, et acquitter des réparations, soit dans un port intermédiaire, soit dans le port de destination.

14° Les frais de relâche dans un port occasionnés par suite de mauvais temps, de manque d'eau ou de provisions.

15° La perte des marchandises chargées sur le pont et jetées à la mer, à moins qu'elles n'aient été transportées ainsi conformément aux usages commerciaux établis.

(1) Cette expression, délibérations motivées, ne saurait être prise dans un sens trop restreint. Au milieu d'une tempête, dans un moment de péril imminent, il peut être souvent impossible, quelquefois difficile de délibérer. En Angleterre, l'usage a consacré la règle que les avaries étaient communes lorsqu'elles avaient été souffertes volontairement, *advisedly*, après réflexion ; *deliberately*, après délibérations, sans en faire une condition absolue.

(2) Une circulaire du ministre de la marine a limité l'intervention des consuls, en les invitant à n'interposer d'office leur autorité que dans les seuls cas de naufrage ou d'avaries grosses. Le capitaine peut s'occuper exclusivement du soin d'administrer des avaries particulières, mais il reste entièrement responsable vis-à-vis des propriétaires, consignataires ou chargeurs. Circ. du ministre de la marine en date du 23 juin 1865.

avaries, avaries grosses ou particulières, faire dresser un protêt d'avaries devant un notaire ou toute autre personne apte à déférer le serment.

Surtout lorsque des intérêts é- trangers sont enga- gés.

Le capitaine ne saurait négliger cette formalité qui remplace celle qui lui est prescrite par la loi fran- çaise ; (1) elle lui est surtout imposée lorsque son chargement est un chargement étranger ou bien lorsque la cargaison est assurée en Angleterre.

Nécessi- té du protêt avant dé- chargement

Hors le cas de péril imminent, la loi française pres- crit au capitaine de ne décharger aucune marchandise avant d'avoir fait son rapport. De même, en Angleterre, il ne peut opérer le déchargement avant d'avoir fait son protêt.

Avis à de- mander aux intéressés.

En cas de déchargement et si le capitaine peut se mettre en rapport avec les intéressés, il fera bien de leur demander l'autorisation par écrit d'emmagasiner ou de vendre les marchandises (2).

Où doit être fait le protêt d'a- varies.

Le protêt d'avaries, en Angleterre, doit être fait par le capitaine, dans le port de relâche forcée, et, dans tous les cas, dès son arrivée au port de destination (3).

Section III. — De l'obligation d'avaries.

Average bond ou o- bligation d'a- varies.

De même que dans le cas de naufrage, le capitaine doit faire signer une obligation d'avaries toutes les

(1) A défaut du consul, le code de commerce prescrit au ca- pitaine d'affirmer son rapport devant le magistrat du lieu.

(2) *Manual for Shipmasters*, p. 180-185.

(3) On insère dans cet acte toutes les particularités de l'avarie et l'on mentionne qu'elle a été constatée sur le livre de bord aus- sitôt que possible. Le capitaine doit affirmer sous serment, ainsi que son équipage, que la perte a été encourue par for- tune de mer ou pour le salut du navire et de la cargaison, la conservation de la vie de ceux qui étaient à bord, et non pour une autre cause. Lees *Laws of Shipping*, 348.

fois que des co-intéressés sont présumés devoir prendre part à la contribution commune (1).

Section IV. — De l'expertise et de la vente des marchandises.

Le capitaine a la faculté de vendre la marchandise sujette à dépérissement ou qui ne peut être conservées en magasin, et, dans ce cas, il doit en faire faire l'expertise (2). *Vente des marchandises sujettes au dépérissement.*

Le capitaine devra surtout prendre garde de se laisser circonvenir par des étrangers qui pourraient avoir intérêt à ce que les marchandises fussent vendues. *Précautions à prendre.*

Si la marchandise n'est pas sujette à dépérissement ou si elle ne peut être transbordée sur un autre navire, le capitaine doit la déposer en lieu sûr. Il fera bien en même temps d'informer les chargeurs ou propriétaires des mesures qu'il a prises et même de leur demander ce qu'il a de mieux à faire (3). *Dépôt des marchandises non sujettes à dépérissement*

Il fera bien de ne jamais négliger de faire assurer pour qui de droit les marchandises déchargées, qu'elles soient déposées en magasin ou transbordées sur un autre navire. *Nécessité d'assurer les marchandises.*

(1) Voir plus haut, partie I, ch. II, sect. VI, p. 34 et 35. On a vu également plus haut que le propriétaire est toujours tenu de payer sa part de la contribution commune, mais qu'il n'en est pas de même du consignataire. Le capitaine ne devra donc jamais se dessaisir de la marchandise sans avoir fait signer à celui-ci l'obligation d'avaries. Abbott *on Shipping*, p. 551.

(2) Abbott *on Shipping*, p. 324. C'est la même règle qu'en France. Aux termes des dispositions françaises, le capitaine ne peut procéder à la vente qu'après avoir fait constater par experts assermentés l'état dans lequel les marchandises se trouvent et l'impossibilité de les conserver en magasin sans que leur valeur soit absorbée par une détérioration devenue inévitable ou par les frais de loyer. (Ord. du 29 oct. 1833, art. 72).

(3) Abbott *on Shipping*, 326.

Section V. — Du paiement du fret.

Droit du capitaine au fret intégral ou partiel.

Dans le cas d'avaries comme dans celui de naufrage, le capitaine a droit au fret intégral ou au fret partiel, selon que la marchandise a été livrée au port de destination ou dans un port intermédiaire.

Droit au fret intégral

Il a droit à l'intégralité du fret dans le cas où le chargeur ne consentirait pas à la réexpédition des marchandises (1).

Recours du réclamateur après le paiement du fret.

Si à l'arrivée à destination, la cargaison, par suite d'avaries, n'a plus qu'une valeur inférieure à celle du fret, le réclamateur ne peut en faire l'abandon pour compte du fret. Quelle qu'ait été la cause de l'avarie, le réclamateur doit en premier lieu payer le fret au capitaine et s'il a des raisons de croire que le dommage a été causé par la faute de ce dernier, il a son recours contre lui devant les tribunaux.

Droit au fret *pro rata itineris.*

Si le capitaine n'a pu affréter un autre navire, le fret n'est dû qu'à proportion du voyage accompli (2).

Dans le cas où le capitaine se refuse à faire parvenir les marchandises au lieu de destination, le réclamateur n'est tenu à aucun fret (3).

Section VI. — De la réparation du navire.

Faculté laissée au capitaine de faire exécuter les travaux.

Le capitaine en Angleterre a non-seulement la faculté de choisir des experts pour examiner l'état de na-

(1) Lees *Laws of Shipping*, p. 340. C'est la même disposition que celle qui est prescrite en France. Le Code de commerce ajoute même que le chargeur est tenu de payer les frais de déplacement occasionnés par le chargement.

(2) Lees Abbott *on Shipping*, 386.

(3) Lees *Laws of Shipping*, p. 72.

vigabilité du navire, c'est également à lui seul qu'appartient le soin de faire exécuter les travaux (1).

Le capitaine doit, dans tous les cas, envoyer une copie de l'expertise à ses armateurs et à ses chargeurs (2).

En Angleterre, le capitaine fait exécuter les réparations sous sa seule responsabilité et c'est lui qui doit justifier, vis-à-vis des armateurs, des assureurs et des autres intéressés, des mesures qu'il a prises (3).

Il doit faire exécuter ces réparations sans perte de temps. S'il se rendait coupable de négligence, les chargeurs pourraient le considérer comme responsable (4).

Non-seulement le capitaine ne doit pas faire exécuter d'autres réparations que celles qui sont nécessaires et ont été ordonnées par les experts, mais il ne doit mettre aucun retard à prendre la mer (5).

Envoi de la copie de l'expertise aux intéressés.

Responsabilité du capitaine dans l'exécution des réparations.

Étendue de cette responsabilité.

Obligation du capitaine de prendre la mer.

(1) D'après les règles prescrites par l'administration française, le capitaine est non-seulement tenu d'adresser une requête au consul afin de faire nommer des experts, constater l'état du navire, la possibilité de le réparer, la nécessité de le décharger, mais il doit encore s'adresser à cet agent pour obtenir l'autorisation d'exécuter les réparations. En Angleterre, il n'est pas astreint à requérir cette double autorisation auprès de l'administration locale.

(2) Lees *Manual for Shipmasters*, p. 175.

(3) Dana's *Seamen's Friend*, p. 319.

(4) Lees *Manual for Shipmasters*, p. 179. On entend par réparations, en Angleterre, non pas celles qui auraient pour objet de réparer complètement le navire, mais seulement celles qui sont nécessaires pour permettre au navire de tenir la mer et de naviguer jusqu'au port de destination.

(5) Lees *Manual for Shipmasters*, p. 179. Si les réparations n'ont eu lieu que parce que le navire n'était pas en état de bonne navigabilité au départ ou parce qu'il n'était pas étanche ou assez fort pour le voyage, les assurances sur le navire et la cargaison pourraient être viciées et les dommages résultant de ce retard tomber à la charge des armateurs. *Manual for Shipmasters*, 189.

Certificat de parfaite navigabilité. On ne saurait trop recommander aux capitaines de se faire délivrer, avant la mise en charge pour un voyage au long cours, un certificat de parfaite navigabilité.

Visa des pièces de dépenses. Le capitaine est tenu en outre, en l'absence d'un consul, de faire viser par le magistrat du lieu ou un notaire toutes les pièces de dépenses (1).

Section VII. — De l'affrétement d'un autre navire.

Faculté de radouber le navire ou d'en louer un autre. Si le navire a été désemparé en cours de voyage, sans qu'il y ait eu faute de la part du capitaine, celui-ci a le choix de faire radouber son navire, dans le cas où le radoub pourrait avoir lieu, ou bien d'affréter un autre navire pour transporter la marchandise au lieu de destination; mais il n'y est pas absolument tenu comme en France (2).

Droit de détenir la marchandise. D'après une règle généralement admise en Angleterre, le capitaine peut détenir la marchandise jusqu'à ce que son navire ait été entièrement réparé, pourvu qu'il use de diligence (3).

(1) Cette formalité n'est pas exigée en Angleterre ; mais le capitaine pourra recourir à l'intervention d'un magistrat ou tout au moins d'un notaire pour faire viser les pièces qu'il aurait à représenter en France.

(2) Abbott *on Shipping*, 323. Il a été décidé en Angleterre que, lorsqu'un navire a été tellement endommagé par fortune de mer qu'il ne peut être réparé sans excéder sa valeur réelle après réparations faites, le capitaine a la faculté d'abandonner son voyage et n'est pas tenu comme agent de son armateur à charger les marchandises sur un autre navire. *Manual for Shipmasters*, 183.

(3) Abbott *on Shipping*, p. 323. Si cependant les réparations devaient se prolonger au-delà de plusieurs semaines, les chargeurs peuvent retirer les marchandises en payant le fret ou une partie du fret ou s'engager, lorsque les réparations seront ache-

Indépendamment des marchandises sujettes à dépérissement, le capitaine peut être contraint de vendre une partie de la cargaison, lorsqu'il se trouve sans ressources pour payer les réparations du navire (1). *Vente d'une partie de la cargaison en Angleterre.*

Il est autorisé à le faire en Angleterre lorsque la garantie du navire et du fret est insuffisante.

Comme en France, les propriétaires du navire ou le capitaine doivent tenir compte des marchandises vendues d'après le cours des marchandises de même nature et qualité dans le lieu de déchargement à l'époque de l'arrivée du navire (2). *Estimation des marchandises vendues.*

Section VIII. — De l'emprunt à la grosse.

Lorsque le capitaine ne peut acquitter les réparations soit avec les fonds dont il dispose, soit en émet- *Emprunt à la grosse.*

vées, à remettre au capitaine la même quantité de marchandises. Ils devront dans tous les cas l'affranchir de tout recours de la part de ceux à qui il doit en faire livraison. *Letters to a young Mariner*, 82-83.

(1) Abbott *on Shipping*, 325-326. Le code de commerce autorise le capitaine à vendre les marchandises jusqu'à concurrence de la somme que les besoins constatés exigent; mais il a été jugé en Angleterre que la vente de marchandises ne pouvait être autorisée par une cour de justice, et des chargeurs ont exercé une action en revendication contre un capitaine qui avait vendu des marchandises non sujettes à dépérissement. L'on recommande en pareil cas aux capitaines anglais de faire tout ce qu'un homme sage et prudent jugerait le plus avantageux pour les intéressés. Il est cependant des cas d'absolue nécessité où le capitaine pourrait être justifié d'avoir vendu la cargaison tout entière. Il fera quelquefois mieux de vendre la marchandise que de la transborder. Il peut ne pas avoir les moyens de la transborder et même, dans tel ou tel cas, il sera peut-être urgent de la vendre. Ainsi, par exemple, le capitaine procéderait autrement avec un chargement de fruits ou de poisson qu'avec un chargement de bois ou de fer.

(2) Lees *Manual for Shipmasters*, p. 200.

tant des traites sur ses armateurs, soit en prenant des arrangements avec les entrepreneurs, il peut emprunter sur le corps et la quille du bâtiment aussi bien que sur les marchandises, il peut emprunter à la grosse.

Conditions du contrat à la grosse.

Le prêt à la grosse n'est assujetti en Angleterre à l'autorisation d'aucun magistrat. Mais, pour être valable, il faut qu'il y ait nécessité de continuer le voyage, que l'emprunt ait lieu dans un port où les réparations sont devenues nécessaires, que le capitaine n'ait pas d'autre moyen de se procurer les fonds qui lui sont nécessaires et enfin que l'emprunt ait été contracté dans l'intérêt commun (1).

Forme du contrat à la grosse.

Bien que le contrat à la grosse puisse, en Angletere comme en France, être fait par acte sous seing-privé ou par acte authentique, il sera préférable de souscrire cet emprunt devant un notaire.

Le capitaine qui veut emprunter à la grosse doit annoncer cet emprunt au moins pendant huit jours dans deux journaux de la localité afin de faire appel à la concurrence et de payer une prime moins élevée.

Emprunt à la grosse sur le fret.

Le capitaine peut non-seulement emprunter pour tout ou partie du voyage ; mais outre le navire, la cargaison et le fret acquis, il peut encore engager le fret à acquérir (2).

---

(1) Lees *Laws of Shipping*, 333-334. Le contrat à la grosse doit mentionner les causes qui ont occasionné l'emprunt, la somme empruntée, le profit maritime, le nom du navire, le voyage entrepris, les risques qui doivent être supportés par le prêteur et la garantie du navire comme paiement. Si le prêteur savait que le capitaine a du crédit sur la place, qu'il peut au moyen d'un consignataire ou d'un agent pourvoir à ses besoins, le contrat de grosse serait annulé. Abbott *on Shipping*, 133-143, Dana's *Seamen's Friend*, p. 323.

(2) En Angleterre on peut assurer le fret, ce qui n'est pas permis en France.

Ce n'est même que lorsque la valeur du navire et du fret est insuffisante que le capitaine a le pouvoir d'engager la cargaison (1).

Section IX. — *De la vente du navire.*

Hors le cas d'innavigabilité constatée, la loi française défend au capitaine de vendre le navire sans un pouvoir spécial des propriétaires.

Si cependant ceux-ci ne mettaient pas à sa disposition les fonds qui lui sont nécessaires, s'il ne pouvait vendre des marchandises ou si le produit était insuffisant, si enfin il ne pouvait emprunter à la grosse, il est évident qu'il n'aurait plus d'autre ressource que de vendre le navire (2).

Cas où il est permis d'aliéner le navire.

Section X. — *Du règlement d'avaries.*

L'avarie simple ou particulière, n'étant applicable

L'avarie simple non soumise à règlement.

(1) Lees *Laws of Shipping*, p. 336-337. Cette faculté elle-même est soumise à certaines restrictions. C'est ainsi qu'il a été décidé que le privilége obtenu par suite d'un emprunt était nul parce que le capitaine avait engagé le navire, la cargaison et le fret sans avertir les propriétaires de la marchandise qui se trouvaient dans le même pays que celui où avait eu lieu la relâche. Lorsque l'emprunt à la grosse est fait dans le lieu de la demeure de l'affréteur, une simple annonce dans les journaux n'est pas considérée comme un avis suffisant, du moins en ce qui concerne les intérêts du propriétaire de la marchandise ou de l'affréteur.

(2) La vente est permise en Angleterre, dans les cas d'extrême nécessité, comme le ferait le propriétaire lui-même, s'il était sur les lieux. Dans ce cas, il faut que le capitaine ait non-seulement agi avec tout son jugement, honnêtement, loyalement, mais que le besoin de réparations ait été occasionné par fortune de mer, que le bâtiment se trouve dans un lieu où l'on ne puisse effectuer de réparations, qu'il ait été impossible de se procurer les fonds nécessaires et qu'il y ait urgence à vendre au profit des intéressés. Abbott *on Shipping*, p. 10 à 18.

qu'à la chose qui a essuyé le dommage ou supporté la dépense, n'a pas besoin d'être réglée.

Les avaries communes, au contraire, étant supportées par le navire, le fret et les marchandises, c'est au moyen d'une répartition que s'établit le compte d'avaries (1).

Réunion des pièces justificatives.

Le capitaine devra recueillir avec le plus grand soin toutes les pièces, comptes, reçus et quittances relatifs soit aux avaries qu'il a fait constater, soit aux réparations qu'il a fait exécuter et il devra se faire remettre des duplicata de ces pièces justificatives.

Traduction et légalisation de ces pièces.

Il devra également en faire la traduction et faire viser les pièces par l'autorité consulaire ou locale lorsqu'il doit les envoyer en France (2).

(1) La contribution ne s'établit pas en Angleterre comme en France. En France, les avaries communes sont supportées par les marchandises et par la moitié du navire et du fret au marc le franc de la valeur. En Angleterre, la contribution frappe le navire, non pour moitié de sa valeur, mais eu égard à sa valeur, après qu'il a essuyé des avaries, au moment de son arrivée, c'est-à-dire la valeur de la coque, des mâts, des vergues, selon l'estimation faite au port de déchargement. Au lieu de calculer la contribution du fret d'après le montant, on prend en Angleterre le fret net, c'est-à-dire déduction faite des salaires de matelots, des droits de port, de feux et de pilotage et autres charges désignées sous le nom de petites avaries (*petty averages*) dont la cargaison supporte les $\frac{2}{3}$ et le navire le $\frac{1}{3}$ seulement. Le fret des marchandises jetées à la mer participe à la contribution commune. Quant aux marchandises, tous les objets chargés à bord d'un navire contribuent, à l'exception cependant des effets, habillements, approvisionnements et des loyers des matelots. Il est de règle en Angleterre de déterminer la valeur contributive des marchandises d'après le prix de vente du port où se fait le règlement, déduction faite des frais de transport et droits de débarquement. Abbott *on Shipping*, 549. Lees *Laws of Shipping*, p. 352.

(2) Voir note 1, p. 56. D'après les dispositions prescrites en France, toutes les dépenses faites par le capitaine doivent être

Lorsqu'il s'agit d'avaries particulières, le capitaine transmettra les pièces à ses armateurs et autres intéressés.

Lorsqu'il s'agit d'avaries communes qui doivent être réglées en Angleterre, il en fera la remise contre récépissé au répartiteur chargé de déterminer le règlement d'avaries (1).

Le capitaine ne doit pas perdre de vue que, dans le Royaume-Uni, les règlements d'avaries sont faits par des répartiteurs souvent éloignés du lieu où se trouve le navire ; que, pour éviter des retards préjudiciables, il convient d'expédier dans le plus grand ordre toutes les pièces nécessaires à la répartition (2).

justifiées au moyen de pièces régulières revêtues de l'acquit des parties prenantes. Dans le cas où les parties ne savent pas signer, elles doivent apposer une croix au bas de leur quittance.

(1) En Angleterre le règlement d'avaries n'est pas homologué comme en France et, par suite, n'est pas rendu exécutoire. Mais c'est un principe établi devant toutes les cours d'Angleterre que le règlement d'avaries oblige à la fois les chargeurs et les assureurs. *Manual for Shipmasters*, p. 133. L'on a présenté au parlement un bill ayant pour objet de rendre immédiatement exécutoires comme en France les règlements d'avaries.

(2) Pour établir un règlement d'avaries, il faudra d'abord tenir compte de toutes les pertes qui doivent être remboursées par la contribution commune ; ensuite, déterminer la valeur des objets qui doivent contribuer aux pertes, en comprenant parmi ceux-ci les marchandises jetées à la mer ; car, autrement, les propriétaires de ces marchandises recevraient leur valeur entière et ne contribueraient en rien à la perte. Voici d'abord comment l'on calculera les pertes :

MONTANT DES PERTES :

Marchandises de A jetées à la mer. . . .   500 liv. sterl.
Avaries aux marchandises de B par suite
du jet . . . . , . . .   200

Où doit ê-
tre fait le ré-
glement d'a-
varies, en
Angleterre.

Il est établi en Angleterre que le règlement d'avaries doit toujours être fait au port de destination ou de dé-

Fret des marchandises jetées à la mer. . .		100
Prix d'un nouveau câble, d'une ancre et d'un mât	300 liv. sterl.	
Déduction d'un tiers. . .	100	
	200 liv. sterl.	200
Frais pour relever le navire		50
Pilotage, droits de port, etc.		100
Dépenses faites dans le port.		25
Répartition d'avaries.		4
Ports de lettres.		1
Total des pertes.		1,180 liv. sterl.

On suppose que la valeur contributive aura été estimée ainsi qu'il suit :

Marchandises de A jetées à la mer. . .	500 liv. sterl.
Valeur des marchandises de B, déduction faite du fret et des charges.	1,000
Marchandises de C.	500
do de D.	2,000
do de E.	5,000
Valeur du navire.	2,000
Fret net, déduction faite des loyers, etc. .	800
Total de la valeur contributive.	11,800 liv. sterl.

Les pertes étant de 1,180 livres sterling et la valeur des objets qui contribuent, 11,800 livres, chacun de ceux qui ont à contribuer aura à supporter une perte de 10 pour cent qui se répartit ainsi :

A	perd	50 liv. sterl.
B	—	100
C	—	50
D	—	200
E	—	500
Les propriétaires du navire		280
Total.		1,180 liv. sterl., montant des pertes.

Les propriétaires du navire ont à payer 280 livres, mais ils en reçoivent 380 pour les indemniser des dépenses qu'ils ont

chargement et conformément aux lois et usages de ce port (1).

Si par suite d'une avarie éprouvée au commencement du voyage, le navire est contraint de retourner au port de chargement et que le règlement d'avaries ait lieu dans ce port, les marchandises sont évaluées au prix de facture (2).

Evaluation des marchandises au prix de facture.

faites et 100 livres en plus pour le fret des marchandises jetées à la mer ; soit, en tout, 480 livres moins 280 livres.

En réalité, les propriétaires du navire ont à recevoir : . . . . 200 liv. sterl.

A contribue pour 50 livres sterling, mais il a perdu 500 ; il recevra donc. 450

B contribue pour 100, mais il a perdu 200 ; il recevra donc 100

Total.	750 liv. sterl.

D'autre part, C, D et E qui n'ont rien perdu auront à payer, savoir :

C. . . .	50
D. . . .	200
E. . . .	500
Total.	750 liv. sterl.

(1) Lees *Laws of Shipping*, p. 487. Dans un règlement d'avaries fait à Saint-Pétersbourg, les propriétaires de la marchandise, sujets anglais, ont eu à payer une contribution qui n'était pas avarie grosse en Angleterre, et il a même été décidé que ceux-ci ne pourraient recouvrer la cargaison qu'après avoir payé la contribution à l'armateur qui était sujet anglais. Dana's *Seamen's Friend*, p. 338.

(2) Abbott *on Shipping*, p. 549.

CHAPITRE DEUXIÈME.

TRIBUNAUX EN MATIÈRE D'AVARIES.

Section I. — Des cours de droit commun.

Tribu-
naux en ma-
tières d'ava-
ries.

Toutes les contestations d'avaries comme les autres contestations civiles sont encore décidées en Angleterre par les cours de droit commun, la cour du banc de la Reine, la cour des Plaids communs et la cour de l'Echiquier (1).

Section II. — Des cours de comtés et des cours locales d'Irlande.

Attribu-
tions con-
férées aux
cours do
comtés et
aux cours
locales.

Certaines contestations cependant peuvent être portées aujourd'hui soit devant les cours des comtés en Angleterre, soit devant les cours locales en Irlande (2).

(1) Chacune de ces cours se compose, en Angleterre, d'un lord chief et de quatre autres juges ; en Irlande, d'un juge supérieur et de trois autres juges inférieurs. Si ces juges ne sont pas d'accord entre eux, ils forment une cour générale qui se compose des membres des trois cours. Cette cour est appelée chambre de l'échiquier et juge tous les appels portés devant elle contre les jugements des trois cours de droit commun.

(2) Le premier des deux actes qui ont transporté une partie des attributions des cours de droit commun aux cours de com-

Les cours de comtés en Angleterre peuvent être saisies de toutes réclamations pour nourriture ou salaires dans lesquelles le montant réclamé n'excède pas 150 livres ; de toutes réclamations pour dommages survenus à la cargaison ou dommages par suite d'abordage, et dans lesquelles le montant réclamé n'excède pas 300 livres (7,500 francs) (1).

Juridiction des cours de comtés.

De même que dans les réclamations de sauvetage, les parties peuvent convenir qu'elles soumettront leur différend à une cour de comté, alors même que le montant de la réclamation excéderait le chiffre fixé par la loi nouvelle (2).

Extension des cours de comtés.

Les cours locales d'Irlande sont appelées à connaître de toutes les réclamations de dommages reçus ou causés par un navire ou de dommages causés à la marchandise et à toutes les contestations de remorquage (3), lorsque le montant ou la valeur de la chose en litige n'excède pas 200 livres (5,000 francs) (4).

Juridiction des cours d'Irlande.

Section III. — De l'appel de cours de comtés et des cours locales.

Il peut être appelé à la haute cour d'amirauté d'An-

Appel des jugements des cours de Comtés.

tés ou aux cours locales en première instance et aux cours d'Amirauté en cas d'appel, est l'acte relatif à l'Irlande en date du 20 août 1867, le second, relatif à l'Angleterre, en date du 31 juillet 1868.

- (1) Acte du 31 août 1868, art. 3, § 2 et 3.
  (2) Acte de 1868, art. 3, § 4.
  (3) La juridiction des cours locales dont la compétence est moins étendue que celle des cours de comtés comprend quelques attributions qui n'ont pas été réservées à ces dernières. Ainsi, par exemple, les contestations relatives aux chartes-parties, à la construction et à la réparation des navires et les réclamations pour hypothèques sur navires.
  (4) Acte de 1867, art. 74, 77 et 78. Les cours locales ont la ju-

gleterre, de tous les jugements rendus par une cour de comté et avec la permission du juge, d'un jugement interlocutoire pourvu qu'il soit donné caution (1).

Appel des cours locales.

L'appel des cours locales est porté devant la haute cour d'amirauté d'Irlande (2).

Section IV. — Des Sheriffs et de la cour de session.

Tribunaux appelés à connaître des causes d'avaries.

En Ecosse les contestations d'avaries sont jugées par les shériffs lorsque le montant de la réclamation n'excède pas 25 livres sterling ; par la cour de session

diction maritime : 1º si le montant ou la valeur en litige n'excède pas 200 livres ; 2º si le montant ou la valeur de la somme ou de la chose en litige excède 200 livres, mais que les parties soient convenues entr'elles ou par leurs agents que les cours spécifiées par elles auront cette juridiction ; 3º si l'acte a prévu le cas où une affaire serait retenue ou portée devant une cour locale, par exemple, si cette affaire avait été instruite mal à propos devant la cour d'amirauté et que cette dernière jugeât préférable d'en réserver la connaissance à une cour locale. — D'après le nouveau bill soumis à la Chambre des Communes la compétence des cours locales d'Irlande recevrait une certaine extension. La juridiction de ces cours s'étendrait à tous les cas où le montant de la réclamation n'excéderait pas 300 livres.

(1) Acte de 1868, art. 26. Ainsi qu'on l'a vu plus haut, l'appel doit être porté sur les registres de la haute cour dans les dix jours du jugement. Mais le juge peut autoriser l'appel après ce délai s'il lui est démontré que cette omission a une cause légitime. Il n'y a pas lieu à l'appel, lorsque les parties sont convenues que le jugement intervenu aura pour elles force de chose jugée. Aucun appel ne sera admis si le montant fixé dans le premier jugement n'excède pas 50 livres sterling. La partie qui succombe supportera les frais à moins que la cour n'en décide autrement.

(2) Acte de 1867, art. 87, 88 et 91. On a vu plus haut que l'appel doit être porté devant la cour d'amirauté dans les 10 jours en Angleterre et dans les 14 jours en Irlande.

qui a juridiction sur toutes les affaires civiles lorsque la réclamation s'élève au-dessusde cette somme (1).

(1) Ainsi qu'on l'a vu plus haut p. 45, la cour de session juge à la fois en première instance et en appel.

PARTIE III.

INSTRUCTIONS SPÉCIALES EN CAS DE LITIGE.

Sect. I. — Recommandations générales.

En matière de naufrage comme d'avaries, le capitaine devra se conformer aux règles précédemment exposées et faire tous ses efforts pour éviter une instance judiciaire.

Ce n'est que lorsqu'il s'agira d'intérêts importants manifestement lésés ou bien lorsqu'il sera obligé de répondre à une action intentée contre lui qu'il aura à se pourvoir devant les tribunaux (1).

(1) Les frais de justice sont très-élevés en Angleterre. Les armateurs et les assureurs anglais cherchent toujours à échapper à la voie coûteuse d'un procès et préfèrent s'entendre directement avec les parties adverses, plutôt que de commencer une

Sect. II. — *Des moyens d'éviter les contestations relatives au paiement du fret.*

On a vu plus haut qu'elle était la compétence des cours nouvellement établies en matière de sauvetage, remorquage, nourriture ou salaires de matelots, dommages survenus à la cargaison, dommages résultant d'abordages. Il est certaines contestations qui ne rentrent pas dans cette compétence et qui se produisent très-fréquemment en Angleterre, les contestations relatives au paiement du fret, qu'il y ait eu ou qu'il n'y ait pas eu d'avaries (1).

Pour prévenir ces réclamations, on ne saurait trop recommander au capitaine d'apporter le plus grand soin à la signature des connaissements (2).

instance qui entraînera des frais considérables. On a vu des cas dans lesquels ces frais dépassaient de beaucoup le montant de l'objet en litige. Le capitaine ne saurait donc agir avec trop de prudence et ne doit s'adresser à un tribunal que lorsque toutes les voies de conciliation auront été épuisées.

(1) Dans un bill soumis à la chambre des communes, il avait été proposé de soumettre aux cours nouvelles toutes les questions concernant les affrètements, les chartes-parties, les connaissements, le transport des marchandises, le fret, les indemnités pour surestaries, les avaries générales ou particulières, le déficit de la cargaison, les dommages survenus à la marchandise, en un mot toutes les questions d'intérêts maritimes.

(2) Un agent de la carrière consulaire, M. Vauvert de Méan, a résumé sous une forme aussi claire que précise les conseils que l'on peut adresser aux capitaines lorsqu'ils ont à signer leurs connaissements.

Les connaissements doivent être signés aussitôt après l'embarquement de la marchandise.

Contesta-
tant de la
désignation
des mar-
chandises.

Souvent des marchandises sont désignées en mesures de capacité dans le connaissement, tandis que lors du déchargement le réclamateur prétend ne recevoir ces marchandises qu'au poids (1).

Si au fur et à mesure que les marchandises sont embarquées, le chargeur a exigé des reçus du capitaine, ce dernier ne devra signer les connaissements que lorsque les différents reçus lui auront été rendus.

Il ne devra jamais signer les connaissements que lorsque les marchandises seront à bord, autrement il pourrait être en-rendu responsable lors même qu'il n'aurait pas reçu ces marchandises.

Il ne devra jamais signer que les originaux et non les copies.

Il ne devra jamais mettre à la voile sans avoir signé ses connaissements ou offert de les signer.

S'il s'élève des discussions au sujet de la forme ou du contenu des connaissements, ou si le négociant refuse au capitaine d'y insérer des mots ou d'y faire des mentions qu'il considère comme nécessaires pour la sauvegarde de ses intérêts, il devra signer sous protêt, ainsi : *sous protêt, A. B., capitaine.*

Si le négociant ne veut pas lui permettre de signer sous protêt, le capitaine devra consulter le consul, un notaire ou un avoué *attorney* ou *solicitor* qui, en son nom, fera une offre formelle de signer les connaissements sous protêt.

Si, après l'expiration des jours de planche, le négociant retient le capitaine et ne lui présente pas les connaissements à signer, les conséquences qui en résulteront tomberont à la charge du négociant. Mais si le capitaine se refuse sans une juste cause à signer les connaissements, ce sera à ses risques et périls.

Le capitaine n'est pas obligé de signer des connaissements non timbrés. Chaque connaissement doit porter un timbre de 6^d [62^c], et doit être timbré avant d'être signé. Toute personne signant un connaissement non timbré peut être condamnée à une amende de 50 livres.

Après avoir signé une série de connaissements, le capitaine ne peut pas être contraint à signer une autre série avant que la première ne lui ait été rendue, car autrement la marchandise pourrait lui être réclamée par les porteurs des deux séries.

(1) Il arrive souvent que, soit par suite d'accidents de mer, soit à cause du pesage frauduleux et d'une conversion arbi-

Pour éviter toute discussion qui pourrait s'élever à la suite d'une différence entre la capacité et le poids, résultant d'un accident de mer, d'un pesage irrégulier ou frauduleux, d'une conversion inexacte des poids et mesures, le capitaine devra mentionner sur le connaissement que le poids lui est inconnu (1).

Moyen d'éviter ces contestations.

Si l'affréteur oblige le capitaine à mentionner le poids, ce dernier devra s'assurer qu'il a bien reçu à bord non-seulement la mesure, mais encore le poids et ne pas se contenter de pesées moyennes (2).

Utilité de constater le poids de la marchandise.

Sect. III. — Des voies de conciliation.

Dans toute contestation, le capitaine devra épuiser les voies de conciliation et chercher par tous les moyens possibles à conclure un arrangement à l'amiable.

Efforts pour obtenir un arrangement à l'amiable.

Sect. IV. — Des précautions à prendre en cas de poursuites.

Jamais le capitaine ne devra donner suite à une affaire litigieuse avant d'en avoir informé le consul le plus voisin du lieu où il se trouve et d'avoir réclamé l'assistance de ses conseils.

traire des poids et mesures, il existe un déficit notable sur le poids que doit livrer le capitaine. Le négociant se prévalant des termes du connaissement exige du capitaine la valeur de quantités qui manquent et prétend ne payer le fret que sur le poids et non d'après la mesure.

(1) C'est ce que font les capitaines anglais lorsqu'ils chargent en France.

(2) Le capitaine devra également insérer dans le corps du connaissement, et non en marge, toutes les conditions relatives aux jours de planche, la loi anglaise exigeant que toutes les conditions soient stipulées dans le document lui-même. Il devra enfin y faire figurer les clauses relatives aux jours de surestaries ou bien la clause : *toutes les conditions de la charte partie sont obligatoires pour le porteur du connaissement.*

Même dans le cas où il aurait l'espoir de terminer une contestation à l'amiable, le capitaine ne pourra guère se passer de l'assistance d'un avocat, d'un jurisconsulte. C'est encore au consul qu'il devra s'adresser pour le prier de lui désigner la personne à laquelle il doit remettre le soin de ses intérêts (1).

Dans le cas où son adversaire aurait fait saisir le navire, le capitaine devra s'empresser de donner caution pour ne pas avoir à supporter des frais plus élevés de procédure, sauf à débattre ultérieurement, soit à l'amiable, soit judiciairement, la cause en litige.

Le capitaine ne doit pas oublier qu'en Angleterre les juges de droit commun sont autorisés à faire arrêter tout étranger qui est sur le point de quitter le Royaume-Uni pour se rendre dans les pays d'outre-mer.

Dans toute espèce de contestation, soit que le capitaine ait à faire des offres à la partie adverse, soit que celle-ci ait adressé des offres au capitaine, il devra s'efforcer de terminer le différend au moyen d'une transaction (2).

Le capitaine ne doit pas oublier qu'une transaction lui permettra d'éviter une foule de dépenses, telles que cautions, dépôts, frais de justice, pertes de temps et d'argent occasionnées par suite d'enquête, etc., etc.

Recours pour le choix d'un avocat.

Saisie du navire.

Disposition connue sous le nom de ne exeat-regno.

Utilité d'une transaction.

(1) Il semble utile de recommander au capitaine l'intermédiaire d'un homme de loi, parce que celui-ci le mettra à l'abri des chicanes et l'instruira des formalités légales. Le consul lui-même aura souvent recours à l'entremise d'un avocat. C'est par l'intermédiaire de ce dernier que se font presque toujours les offres qui servent de base à un arrangement, à une transaction.

(2) Presque toujours l'autorité du Consul, aidée de l'expérience d'hommes spéciaux, tels que constructeurs, experts du Veritas et du Lloyd, suffira pour aplanir une difficulté ou terminer une affaire.

Sect. V. — De l'arbitrage.

Si la partie adverse refuse une transaction, le capitaine devra lui proposer de recourir à l'arbitrage. C'est par la voie d'arbitrage que se terminent un grand nombre d'affaires litigieuses en Angleterre (1).

Arbitrage.

Mais l'arbitrage n'est pas obligatoire en Angleterre et la décision d'un ou plusieurs arbitres, choisis par les parties, peut toujours être portée devant les cours compétentes, à moins que l'objet du litige ne s'élève pas au-dessus de 50 livres sterling ou qu'il n'y ait convention contraire.

Caractère de l'arbitrage.

Cependant depuis qu'une partie de la juridiction des hautes cours d'amirauté a été transportée aux cours de comtés et des cours locales, le capitaine n'a plus les mêmes raisons qu'autrefois de préférer un arbitrage injuste à un procès ruineux.

Cas ou le capitaine ne doit pas se contenter de l'arbitrage.

Si la transaction qu'on lui offre lui semble inique, si les prétentions qu'élève la partie adverse lui paraissent injustifiables, il aurait tort de ne pas les repousser par la voie judiciaire, alors qu'il ne lui est plus nécessaire aujourd'hui de recourir dans tous les cas à la haute cour d'amirauté et qu'il peut faire prévaloir son droit devant une juridiction locale.

Cas dans lesquels il doit s'adresser aux tribunaux.

---

(1) La décision d'un arbitre dépend beaucoup de la nature des documents qu'il a sous les yeux et des pièces écrites qui lui sont soumises; on ne saurait donc trop recommander au capitaine de recueillir avec le plus grand soin tous les documents qu'il peut invoquer et de produire non-seulement les témoignages de son équipage, mais encore toutes les déclarations, tous les moyens de preuves qu'il peut rassembler.

Sect. VI. — *Du recours aux tribunaux et aux cours de comtés et cours locales.*

Recours aux tribunaux.

Ce n'est donc que lorsque toutes les voies amiables auront été épuisées, lorsqu'une transaction aura été repoussée et que l'une des parties n'aura pas cru devoir accepter l'arbitrage, que l'affaire devra être portée devant les tribunaux, juges de paix, magistrats rétribués, shériffs, cour de session, cours de comtés, cours locales, cours d'amirauté, cours de droit commun, suivant les limites de la compétence et l'importance du litige.

Intervention des consuls.

C'est au consul qu'il appartiendra de guider le capitaine devant ces divers degrés de juridiction. L'extension donnée aujourd'hui aux cours de comtés et aux cours locales permet dans un certain nombre de cas de recourir à ces tribunaux. Les parties, ainsi qu'on l'a vu, ont même la faculté d'étendre la juridiction de ces tribunaux ; malgré cela le capitaine agira toujours sagement en cherchant à obtenir une transaction, pour se soustraire à une instance judiciaire.

Sect. VII. — *De l'appel aux cours supérieures.*

Recours aux cours supérieures.

A plus forte raison devra-t-il chercher à éviter tous les procès qui sont de la compétence des cours de droit commun et surtout des hautes cours d'amirauté. Ces juridictions entraînent des frais tellement considérables qu'il faudrait des intérêts de la plus haute importance pour décider les capitaines à poursuivre une réclamation devant ces tribunaux.

Dans ce cas ce sera encore aux consuls et agents consulaires à diriger les démarches du capitaine et à le guider de leurs lumières et de leur expérience.

ANNEXE A.

QUESTIONNAIRE RÉGLEMENTAIRE

SUR LES SIGNAUX DE BRUME,

LES FEUX QUE DOIVENT PORTER LES BATIMENTS

et les règles à suivre

POUR LA NAVIGATION TANT A LA VOILE QU'A LA VAPEUR.

1.—Quels sont les feux que doivent porter, d'après les règlements, les navires à voiles, mouillés sur une rade, dans un chenal ou sur une ligne fréquentée, depuis le coucher jusqu'au lever du soleil ?

Un seul feu, et ce feu doit être blanc.

2.—Quels sont les feux que doivent porter, d'après les règlements, les navires à vapeur, mouillés sur une rade, dans un chenal ou sur une ligne fréquentée, depuis le coucher jusqu'au lever du soleil ?

Un seul feu, le même que celui des bâtiments à voiles, c'est-à-dire un feu blanc.

3.—Où doit être placé le feu d'un navire au mouillage?

Dans l'endroit où il est le plus en vue.

4.—A quelle hauteur le feu d'un navire au mouillage doit-il être hissé ?

Il peut être hissé jusqu'à 6 mètres au-dessus du plat-bord, mais pas plus haut.

5.—Dans quelle direction le feu d'un navire au mouillage doit-il projeter sa lumière?

Il faut qu'il projette une lumière brillante, uniforme et non interrompue tout autour de l'horizon.

6.—A quelle distance faut-il que cette lumière soit visible?

A la distance d'un mille au moins.

7.—Quel est, d'après le règlement, le nombre de feux que doit porter depuis le coucher jusqu'au lever du soleil, un navire à voiles qui n'est pas mouillé?

Deux.

8.—De quelle couleur sont ces feux, et comment doivent-ils être placés à bord du bâtiment?

Un feu rouge à bâbord, un feu vert à tribord.

9.—Quelle est la nature des feux que doivent montrer les bâtiments à voiles qui ne sont pas mouillés? Sur combien de quarts de compas et dans quelle direction ces feux doivent-ils projeter leur lumière?

Chaque feu doit projeter une lumière uniforme et non interrompue, sur un arc horizontal de 10 quarts du compas, qui est compris entre l'avant du navire et deux quarts sur l'arrière du travers du même bord que le feu.

10.—Quels feux doivent porter, entre le coucher et le lever du soleil, les navires à voiles marchant à la remorque?

Les mêmes que les navires à voiles qui ne sont pas à l'ancre.

11.—Les feux de côté doivent-ils être garnis d'écrans, et, dans l'affirmative, où et comment ces écrans doivent-ils être placés? Quelle en est la longueur.

Les feux de côté doivent être pourvus, en dedans du bord, d'écrans dirigés de l'arrière à l'avant et s'étendant à 0^{m}90 en avant de la lumière, afin que le feu vert ne puisse pas être aperçu de bâbord avant et le feu rouge de tribord avant.

12.—Quel est, réglementaire-
ment, le nombre de feux
que doit porter, du coucher
au lever du soleil, un bâtiment à vapeur en mar-
che ?

Trois.

13.—De quelle couleur sont ces
feux, et comment doivent-
ils être placés à bord ?

Le rouge est à bâbord, le vert à
tribord, et le blanc en tête du
mât de misaine.

14.—Doivent-ils être garnis d'é-
crans, et, dans l'affirmative, où et comment ces
écrans doivent-ils être placés ? Quelle en est la longueur ?

Le feu rouge et le feu vert doivent être garnis, en dedans du
bord, d'écrans s'étendant de
0^{m}90 en avant de la lumière, et
en tout semblables à ceux des
bâtiments à voiles.

15.—Sur combien de quarts du
compas, et dans quelle direction les feux de côté
doivent-ils projeter leur
lumière ?

Sur un arc horizontal de dix
quarts de compas, compris entre l'avant du navire et deux
quarts sur l'arrière du travers
du même bord que le feu rouge
ou vert, absolument comme à
bord du bâtiment à voiles.

16.—A quelle distance faut-il
que ces feux soient vi-
sibles ?

A la distance de 2 milles au moins,
par une nuit sombre, mais
sans brume.

17.—Sur combien de quarts du
compas, et dans quelle
direction le feu de tête du
mât de misaine doit-il projeter sa lumière ?

Ce feu doit éclairer un arc horizontal de vingt quarts du compas qui se compte depuis l'a-
vant jusqu'à deux quarts en
arrière du travers de chaque
bord.

18.—A quelle distance faut-il
que ce feu soit visible ?

A la distance de 5 milles au
moins, par une nuit sombre,
mais sans brume.

19.—Quel genre de feux doivent porter, réglementai-

Ils doivent porter les mêmes feux
que les bâtiments à voiles.

rement, les navires à vapeur lorsqu'ils ne marchent qu'à la voile ?

20.—Quels feux exceptionnels doivent porter, dans certains cas, les bâtiment à voiles de petites dimensions ?

Lorsque, par suite du mauvais temps, des bâtiments à voiles d'une assez faible dimension ne peuvent fixer leurs feux verts et rouges d'une manière permanente, ces feux sont néanmoins allumés sur le pont à leurs bords respectifs, prêts à être montrés instantanément à tout navire dont on constaterait l'approche, et assez à temps pour prévenir l'abordage. Ces fanaux portatifs, pendant cette exhibition, sont tenus autant en vue que possible, et présentés de telle sorte que le feu vert ne puisse être aperçu de bâbord avant et le feu rouge de tribord avant.

21.—Ces fanaux doivent-ils être peints extérieurement ? Sont-ils pourvus d'écrans ?

Oui ; le fanal renfermant le feu rouge doit être peint en rouge, et le fanal renfermant le feu vert en vert. Ils doivent être pourvus d'écrans convenables.

22.—Quelle espèce de feux doivent porter les bateaux-pilotes à voiles ?

Les bateaux-pilotes à voiles ne doivent pas porter les feux de couleur de côté, mais un feu blanc comme celui d'un navire au mouillage, et montrer un feu de quart d'heure en quart d'heure.

23.—Quels feux doivent porter les bateaux de pêche non pontés, et tous les autres bateaux également non pontés.

S'ils ne sont pas pourvus de feux de côté, ils se servent d'un fanal muni, sur l'un des côtés, d'une glissoire verte, et sur l'autre, d'une glissoire rouge, de façon qu'à l'approche d'un navire, ils puissent montrer ce fanal en temps opportun pour prévenir l'abordage, en ayant soin que le feu vert ne puisse être aperçu de bâbord et le feu rouge de tribord.

Les navires de pêche et les bateaux non pontés qui sont à l'ancre, ou qui, ayant leurs filets dehors, sont stationnaires, doivent montrer un feu blanc.

24.—Les bateaux non pontés peuvent-ils montrer un feu visible à de courts intervalles ?

Oui, s'ils le jugent convenable.

25.—Les bateaux non pontés doivent-ils faire usage de ce feu visible à de courts intervalles, en remplacement ou en supplément du fanal à glissoires de couleur ?

Ce feu n'est qu'en supplément du fanal à glissoires de couleur.

26.—Quels feux doivent porter les bâtiments à vapeur quand ils remorquent ?

Les navires à vapeur, quand ils remorquent, doivent, indépendamment de leurs feux de côté, porter, en tête de mât, deux feux blancs verticaux qui servent à les distinguer des autres navires à vapeur. — Ces feux sont semblables au feu unique de tête de mât que portent les navires à vapeur ordinaires.

27.—Les navires à voiles, mouillés ou non, doivent-ils employer quelques signaux, en temps de brume ou de brouillard, et, dans l'affirmative, quels sont ces signaux ?

Ils font usage d'un cornet et d'une cloche.

6.

28.—Dans quelles circonstances font-ils usage de chacun de ces signaux ?

En temps de brume ou de brouillard, ils emploient la cloche, lorsqu'ils sont à l'ancre, et le cornet dans toute autre position que celle du mouillage.

29.—A quels intervalles de temps les navires à voiles doivent-ils, en temps de brume, faire entendre ces signaux?

Aussi souvent qu'il leur paraît nécessaire, mais toutes les cinq minutes au moins.

30.—Les navires à vapeur doivent-ils employer quelques signaux, en temps de brume ou de brouillard, et, dans l'affirmative, quels sont ces signaux ?

Ils font usage d'un sifflet à vapeur et d'une cloche.

31.—Dans quelles circonstances font-ils usage de chacun de ces signaux ?

Étant à l'ancre, ils emploient la cloche, et le sifflet à vapeur dans toute autre position que celle du mouillage.

32.—A quels intervalles de temps les navires à vapeur doivent-ils, en temps de brume, faire entendre ces signaux ?

Aussi souvent qu'il leur paraît nécessaire, mais toutes les cinq minutes au moins.

33.—A quelle hauteur au-dessus du pont, et dans quel endroit doit être placé le sifflet à vapeur ?

Le sifflet à vapeur est placé en avant de la cheminée à une hauteur de 2m40 au-dessus du pont des gaillards.

34.—Quelle autre précaution doivent observer les bâtiments marchant à la vapeur en temps de brume ?

Les règlements exigent qu'en temps de brume les navires à vapeur marchent à une vitesse modérée.

35.—Quelle précaution doit prendre un navire marchant

S'il y a risque d'abordage, le navire à vapeur doit diminuer sa

à la vapeur, lorsqu'il se rapproche d'un autre navire ?

vitesse, ou stopper et marcher en arrière s'il est nécessaire.

36.—Si vous voyez un feu blanc, qu'indique-t-il par rapport au navire qui le porte ?

Il indique la présence d'un navire à l'ancre, ou celle d'un bateau-pilote, ou celle d'un bateau de pêche ayant ses filets dehors. Ce feu blanc peut encore être le feu de tête du mât de misaine d'un navire marchant à la vapeur, et dont les feux de côté ne sont pas visibles à cause de la distance, de la brume, etc.

37.—Si vous voyez un feu de couleur rouge ou vert, ou les deux feux de couleur, le rouge et le vert, sans voir de feu blanc, le navire qui montre ce feu, ou ces feux, marche-t-il à la vapeur ou à la voile ?

Il marche à la voile.

38.—Comment le savez-vous ?

Parce qu'il n'a pas de feu de tête de mât.

39.—Si vous apercevez un feu blanc au dessus d'un feu de couleur, le navire qui porte ces feux marche-t-il à la voile ou à la vapeur ?

Il marche à la vapeur. Le feu de tête de mât indique un navire à vapeur.

L'examinateur prendra alors un modèle de navire qu'il placera sur la table en l'appelant *A*. Il prendra ensuite le mât ou la règle portant le feu blanc et le feu rouge, le placera à l'autre bout de la table en l'appelant *B*. L'examinateur remarquera que les questions 40 à 50 sont les seules pour lesquelles il ne doive faire usage que d'un seul modèle de navire.

40.—*A*, bateau à vapeur courant au Nord, voit droit devant

B passe à bâbord, parce que si *A* voit un feu rouge droit devant lui *B* qui montre un feu blanc et un feu rouge. *A* et *B* courent-ils l'un sur l'autre ou à peu près ? — *B* pare-t-il *A* ou coupe-t-il la route de *A* et sous quel angle ? Comment le savez vous ?

lui, il sait que le navire qui porte ce feu rouge court sur la gauche par rapport à lui ; le bâtiment qui montre ce feu rouge a son côté de bâbord plus ou moins ouvert par rapport à *A*.

41.—Si *A* court au Nord, quelles sont les routes au compas que peut faire le navire *B* montrant son feu rouge et son feu blanc ?

B doit gouverner entre le Sud et l'O. N. O.

42.—Comment le savez-vous ?

Parce que si les écrans sont convenablement disposés, *B* courant à tout autre cap a son feu rouge masqué pour *A*.

43.—Le vapeur *A* doit-il venir sur tribord, sur bâbord, ou continuer sa route ?

Il doit continuer sa route, ou, s'il bouge, venir un peu sur tribord.

44. Pourquoi ?

Pour opposer son feu rouge au feu rouge du navire étranger *B*.

L'examinateur expliquera alors que si le vapeur *A* vient sur bâbord, il coupera la route de *B*, ce dernier devant nécessairement passer à bâbord de *A*, puisqu'il lui montre son feu rouge.

L'examinateur remplacera alors le mât avec les balles rouges et blanches par le mât aux balles vertes et blanches. Il continuera à ne faire usage que d'un seul modèle de navire.

45.—*A*, bateau à vapeur courant au Nord, voit droit devant lui *B*, qui montre un feu blanc et un feu vert, *A* et *B* courent-ils l'un sur l'autre ? *B* pare-t-il *A* ou coupe-t-il la route de *A* et sous quel angle ? Comment le savez-vous ?

B passe à tribord, parce que si *A* voit un feu vert droit devant, il sait que le navire qui porte ce feu vert court sur la droite par rapport à lui. Le bâtiment qui montre ce feu vert a son côté de tribord plus ou moins ouvert par rapport à *A*.

46.—Si *A* court au Nord, quelles sont les routes au compas que peut faire le navire *B* montrant son feu vert et son feu blanc?

B doit gouverner entre le Sud et l'E. N. E.

47.—Comment le savez-vous ?

Parce que si les écrans sont convenablement disposés, *B* courant à tout autre cap a son feu vert masqué pour *A*.

48.—Le vapeur *A* doit-il venir sur tribord ou sur bâbord?

Il doit continuer sa route, ou, s'il bouge, venir un peu sur bâbord.

49.—Pourquoi?

Pour opposer son feu vert au feu vert du navire étranger *B* ; il ne peut y avoir aucune crainte d'abordage entre deux navires lorsque le feu vert de l'un est opposé au feu vert de l'autre.

50.—Qu'arriverait-il si *A* venait sur tribord pour un feu vert aperçu devant?

A couperait probablement la route au navire portant le feu vert.

L'examinateur expliquera que *A* ne doit pas venir sur tribord, attendu que *B* qui lui montre son feu vert et son feu blanc passe nécessairement par tribord et qu'en venant lui-même sur tribord *A* coupe la route à *B*.

L'examinateur placera maintenant sur la table les modèles de deux bâtiments à vapeur courant droit l'un sur l'autre. Il appellera le premier *A* et l'autre *B*.

51.—Le vapeur *A* voit droit devant lui les trois feux d'un autre navire à vapeur *B*, les deux navires courent-ils l'un sur l'autre, se parent-ils ou se coupent-ils la route?

Ils doivent se rencontrer courant l'un sur l'autre, directement ou à peu près.

52.—Les réglements obligent-ils

Oui, dans le cas où deux vapeurs

expressément un navire à venir sur tribord et dans l'affirmative, dans quel cas ?

ou deux navires à voiles courent l'un sur l'autre directement ou à peu près, ils doivent tous deux venir sur tribord.

53.—Y a-t-il d'autres cas pour lesquels les réglements obligent expressément un navire à venir sur tribord et, dans l'affirmative, quels sont ces cas ?

Non. Dans aucun autre cas les règlements ne font une obligation expresse à un navire de venir sur tribord.

L'examinateur expliquera alors que le seul cas dans lequel les règlements obligent un navire à venir sur tribord est inscrit dans les articles 11 et 13 du décret du 25 octobre 1862 et concerne deux navires courant l'un sur l'autre, directement ou à peu près.

54.—Si vous venez sur tribord pour un feu vert aperçu droit devant ou dans une direction quelconque par tribord devant, et si de cette manœuvre il résulte un abordage, considérez-vous les réglements comme mauvais ?

Non, parce que les règlements ne m'imposent pas l'obligation de venir sur tribord, et parce qu'en agissant ainsi, je sais que probablement, presque certainement même, je coupe la route de l'autre navire et cours sur lui.

L'examinateur fera placer par le candidat les modèles dans les positions indiquées aux questions 55 et suivantes.

55.—Si un vapeur A voit par tribord le feu rouge d'un autre vapeur B, les deux navires courent-ils, l'un sur l'autre, se parent-ils ou se croisent-ils et comment le savez-vous ?

Ils croisent leurs routes, parce que le feu rouge de l'un est opposé au feu vert de l'autre, et toutes les fois qu'un feu vert est opposé à un feu rouge, ou un feu rouge à un feu vert, les navires qui portent ces feux font des routes qui se croisent.

56.—A doit-il continuer sa route, et dans la négative, pour quelles raisons ?

A voit B par tribord, A sait qu'il croise la route de B, parce qu'il voit le feu rouge de ce dernier par tribord. A sait encore qu'il doit s'écarter de la route de *B*, parce que l'article 14 du décret du 25 octobre 1862 oblige expressément tout vapeur qui en voit un autre par tribord à manœuvrer, de manière à ne pas gêner la route de celui-ci.

57.—Dans ce cas, *A* doit-il venir sur tribord ou sur bâbord?

A fait ce qu'il lui paraît nécessaire de faire; ainsi, pour ne pas gêner la route de *B*, il peut venir sur bâbord ou sur tribord. Il peut encore stopper et faire machine en arrière s'il le juge nécessaire.

58.—Si, en venant sur tribord, *A* aborde *B*, sera-ce par suite de l'exécution du réglement?

Non, la règle n'oblige pas *A* à venir sur tribord. S'il vient sur tribord, et si, par cette manœuvre, il aborde *B*, ce n'est la faute d'aucun réglement.

59.—Si un bâtiment à vapeur *A* voit par le bossoir de bâbord le feu vert d'un autre vapeur *B*, les deux navires viennent-ils à la rencontre l'un de l'autre, se parent-ils? leur routes se coupent-elles? et comment le savez-vous?

Leurs routes se coupent, parce que le feu vert de l'un est opposé au feu rouge de l'autre.

60.—Que doit faire *A*, et pourquoi?

A doit continuer sa route *B*, qui se trouve à bâbord de *A*, doit se déranger parce qu'il voit *A* par tribord.

61.—Y a-t-il quelque réglement obligeant, dans ce cas, *A* à venir sur tribord, et, dans l'affirmative, où trouver ce réglement?

Il n'y a aucun réglement pareil.

62.—Les navires à vapeur doivent-ils céder la route aux navires à voiles ?

Si deux navires, l'un à voiles, l'autre sous vapeur, font des routes qui les exposent à s'aborder, le navire sous vapeur manœuvre de manière à ne pas gêner la route du navire à voiles.

63.—Que doit faire *A*, navire à voiles ou à vapeur, s'il dépasse *B* ?

A doit manœuvrer de manière à ne pas gêner la route de *B*.

64.—Quand le réglement oblige un des deux navires à ne pas gêner la route de l'autre, que doit faire cet autre ?

Continuer sa route.

65.—Y a-t-il quelque exception ou dérogation à cette règle ?

En se conformant aux règles qui précèdent, les navires doivent tenir compte des dangers de la navigation. Ils auront égard aux circonstances particulières qui peuvent rendre nécessaire une dérogation à ces règles, afin de parer à un péril immédiat.

66.—Y a-t-il quelques prescriptions générales dans les réglements, tant pour la navigation à vapeur que pour la navigation à voiles ; et, dans l'affirmative, quelles sont-elles ?

Oui ; rien dans les règles énoncées ne saurait affranchir un navire, quel qu'il soit, ses armateurs, son capitaine ou son équipage, des conséquences d'une omission de porter des feux ou signaux, d'un défaut de surveillance convenable, ou enfin d'une négligence quelconque des précautions commandées par la pratique ordinaire de la navigation, ou par les circonstances particulières de la situation.

67.—Pouvez-vous me répéter l'article (....) des règlements?
Je parle de l'article qui contient la règle (....) pour

L'examinateur répétera la question en citant chaque fois un article différent.

68.—Quelles conséquences entraîne l'inobservation des règlements?

Si cette inobservation des règlements est suivie d'un accident, elle entraîne la culpabilité de l'officier de quart, à moins que le tribunal ne juge qu'il y ait eu nécessité de se départir de l'exécution des règlements.

69.—Si l'inobservation des règlements amène l'abordage, à qui cet abordage doit-il être imputé?

A celui qui a enfreint les règlements, à moins que le tribunal n'en décide autrement.

70.—Les règlements concernent-ils la navigation dans les rades et dans les rivières?

Oui, à moins qu'il n'y ait quelque règlement spécial émanant d'une autorité compétente.

71.—S'appliquent-ils aux navires français seulement?

Non, ils s'appliquent également à tous les navires.

72.—Depuis quand sont-ils exécutoires?

Depuis le 1er juin 1863.

73.—En cas d'abordage, les navires doivent-ils se porter secours?

Oui.

74.—Qu'arriverait-il, dans le cas d'abordage, au capitaine d'un bâtiment qui ne porterait pas secours à l'autre navire?

L'abordage serait mis au compte de la négligence, du défaut de surveillance ou de la mauvaise manœuvre du capitaine du bâtiment qui, sans excuse suffisante, ne porterait pas secours à l'autre navire.

75.—Savez-vous qu'avant de commander un quart, vous devez avoir une connaissance complète des réglements en vigueur?

Je le sais.

76.—Pourquoi?

Parce que si, ne connaissant pas ces règlements, je les appliquais mal, les conséquences en seraient très-graves pour moi.

77.—Comment comprendriez-vous une faute grave?

Il y aurait faute grave dans le cas d'un abordage provenant d'avoir mis la barre à bâbord, lorsque les règlements ne l'ordonnaient pas et qu'aucune considération particulière ne l'exigeait.

ANNEXE B.

RÉGLEMENT

Première position.

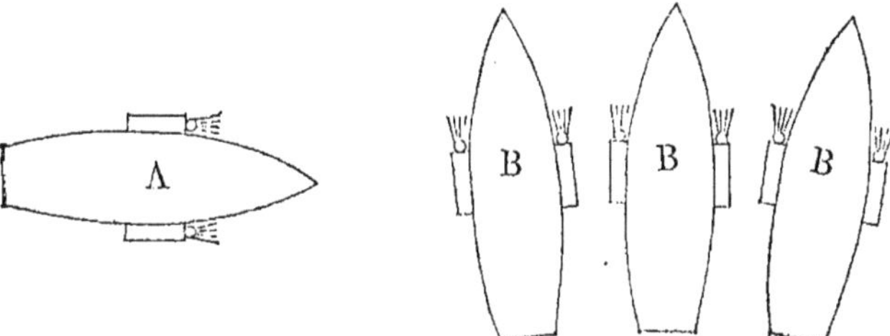

Dans cette position, le vapeur *A* ne voit que le feu rouge du vapeur *B*, quelle que soit celle des trois directions du plan que *B* suive, attendu que le feu vert de ce dernier reste toujours masqué. *A* est donc bien sûr que *B* lui présente le côté de bâbord et qu'il gouverne de manière à lui couper la route de tribord à bâbord ; *A* peut donc en toute confiance, s'il fait assez noir pour qu'il redoute un abordage, venir sur tribord : il ne court aucun risque de rencontrer *B*. D'un autre côté, *B*, dans ses trois positions, voit le feu rouge, le feu vert et le feu de tête de *A*, il les voit sous forme de triangle et sait par là que *A* court droit sur lui. *B* manœuvre en conséquence.

Il est à peine nécessaire de faire remarquer que les feux de tête de mât seront visibles de part et d'autre jusqu'à ce que le travers de chacun des vapeurs ait été dépassé de deux quarts sur l'arrière du travers.

Deuxième position.

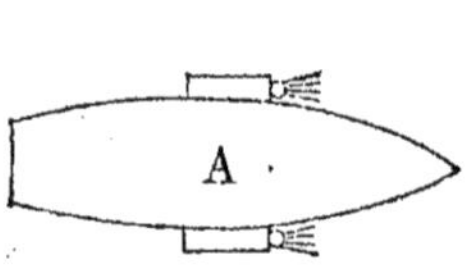

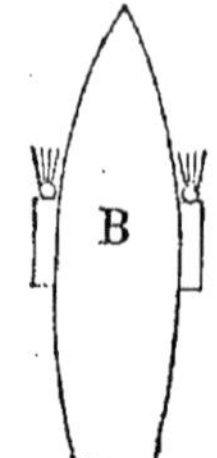

A ne voit que le feu vert de *B*, ce qui lui indique clairement que *B* lui coupe la route de bâbord à tribord.

B voit au contraire les trois feux de *A*, et en conclut qu'un vapeur court droit sur lui.

———

Troisième position.

A et *B* voient respectivement leurs feux rouges, les feux verts sont masqués par les écrans. Il est évident que les deux navires passeront à bâbord l'un de l'autre.

———

Quatrième position.

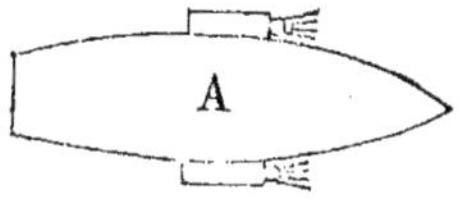

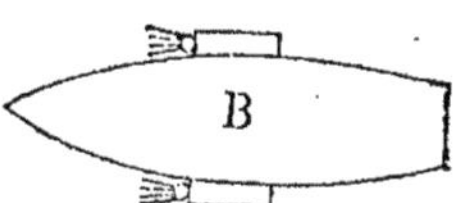

A et *B* voient respectivement leurs feux verts. Les feux rouges sont masqués par les écrans. Les deux navires passeront à tribord l'un de l'autre.

Cinquième position.

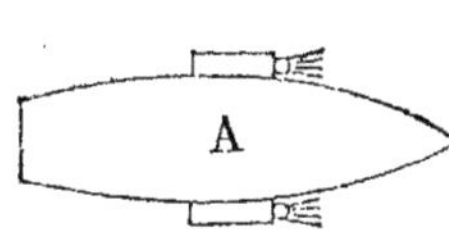

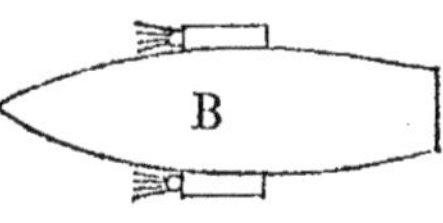

Les deux vapeurs *A* et *B,* apercevant l'un et l'autre leurs feux colorés, sauront qu'ils marchent directement l'un sur l'autre. Dans cette circonstance ils porteront tous deux la barre à bâbord.

ANNEXE C.

INSTRUCTIONS

POUR DISPOSER LES FEUX.

La manière d'établir les feux de couleur doit être l'objet d'une attention particulière. Ces feux devront être pourvus d'un écran en dedans du bord, de manière à empêcher qu'on puisse les apercevoir autrement que droit devant.

Ceci est très-important, car sans les écrans ou une installation particulière des fanaux en tenant lieu, aucune combinaison des feux de côté ne saurait donner une indication précise de la route suivie par le navire.

L'évidence de ce fait résulte de l'inspection des figures qui précèdent. Dans tous les cas, on verra clairement que, quelle que soit la position où deux navires peuvent se trouver la nuit, les feux colorés leur indiqueront réciproquement et instantanément leur route, c'est-à-dire que chacun d'eux saura si l'autre marche sur lui directement ou lui passe le travers à tribord ou à bâbord. Cette indication est tout ce que l'on peut demander pour mettre les navires en état de naviguer par la nuit la plus sombre, avec presque autant de sécurité qu'en plein jour; indication faute de laquelle ont eu lieu tant de déplorables accidents.

TABLE ALPHABÉTIQUE.

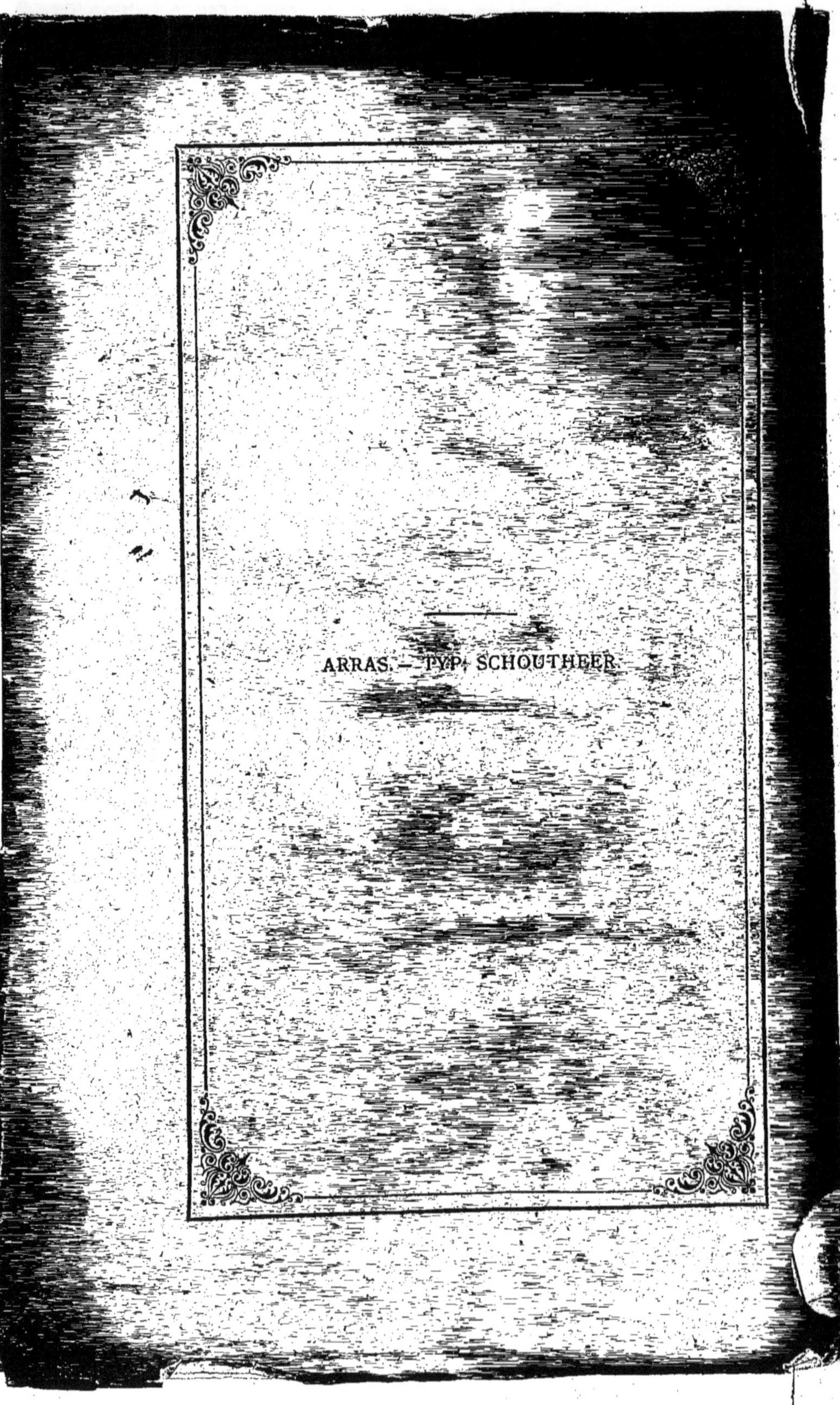

ARRAS. — TYP. SCHOUTHEER.

www.ingramcontent.com/pod-product-compliance
Ingram Content Group UK Ltd.
Pitfield, Milton Keynes, MK11 3LW, UK
UKHW020006100726
13658UKWH00002B/829